世界一やさしい フリーランスの 教科書1年生

イラストレーター・漫画家
高田ゲンキ

ソーテック社

読者特典PDFダウンロードサービス

本書内に掲載しているインタビュー『教えて先輩！』ノーカット完全版PDFをダウンロードしてお読みいただけます。読者特典は圧縮されているので、解凍時にパスワードを入力してください。

http://www.sotechsha.co.jp/sp/2066/

パスワード：freelance2066

ご利用前に必ずお読みください

本書に掲載されている説明を運用して得られた結果について、筆者および株式会社ソーテック社は一切責任を負いません。個人の責任の範囲内にて実行してください。

本書の内容によって生じた損害および本書の内容に基づく運用の結果生じた損害について、筆者および株式会社ソーテック社は一切責任を負いませんので、あらかじめご了承ください。

本書の制作にあたり、正確な記述に努めておりますが、内容に誤りや不正確な記述がある場合も、筆者および株式会社ソーテック社は一切責任を負いません。

本書の内容は執筆時点においての情報であり、予告なく内容が変更されることがあります。また、環境によっては本書どおりに動作および実施できない場合がありますので、ご了承ください。

※ 本文中で紹介している会社名、製品名は各メーカーが権利を有する商標登録または商標です。なお、本書では、©、®、TMマークは割愛しています。

Cover Design...Yutaka Uetake
Illustration...Genki Takata

はじめに

ここ数年、メディアなどでフリーランスという言葉を耳にする機会が増え、それに比例するようにフリーランスを志す人が急増しています。理由はいろいろと考えられますが、過去10年ほどのテクノロジーの進歩により、個人単位でのロケーションにとらわれないスタイルでの仕事が飛躍的に容易になったことが最大の要因だと私は考えています。

しかし残念なことに、リアルな実態よりもその言葉のイメージや誰かが作った虚構のフリーランス像がひとり歩きしている現状も見受けられ、それを追い求めてしまったばかりに挫折したり、あるいは一歩踏み出せずに諦めてしまう人が多いのもまた事実です。そして、そうした状況がますます「フリーランスになるのは難しい」というイメージを強くする、というジレンマが起きています。

本来、フリーランスとは自身のスキルや適性を最大限に活かすための手段のひとつにすぎません。ですから、これまで世に出ているフリーランス向けの本の多くは、すでに専門分野が決まっている人に向けた、スキル習得や開業の方法を説いたものがほとんどでした。

しかし前述のとおり、近年は「フリーランス」という言葉に憧れ、特定の志望職種や専門スキルがない人たちもフリーランスを目指すようになりました。

一部の人はこれを「本末転倒だ」と揶揄しますが、私は必ずしもそうは思いません。きっかけは何だっていいのです。

「家族との時間を増やしたい」
「育児しながら無理なく稼ぎたい」
「自分が好きなことを仕事にしたい」
「なんとなくカッコ良さそう」

そんな思いからフリーランスになり、結果として素晴らしい活躍をしているフリーランサーもたくさんいます。そして、それはテクノロジーの進化により、ますます実現しやすい時代になっているのです。

本書は、そういった志望職種や専門スキルがまだない人にも（もちろんすでにある人にも）参考にしてもらいたいと思い、私自身の15年以上にわたるフリーランスの経験や、数多くのフリーランスの方たちとの交流から得た知見を惜しみなく散りばめました。

生き方まで自由にしてくれる、このフリーランスという働き方。それに関心を持ったあなたの可能性を、本書が広げることができれば何より嬉しく思います。

高田ゲンキ

目次

2時限目 フリーランスの働き方を理解しよう

4時限目 フリーランスになったら

5時限目 仕事の進め方

ホームルーム

ようこそ、フリーランスの世界へ！

ここはフリーランスの世界の入り口です。さあ、一緒に扉を開けましょう！

01 フリーランスの可能性は無限大！

1 「選ばれし人しか成功できない」……なんてことはない！

今この本を手にしているあなたは、フリーランスになりたいけれど「自分には特別な才能がないし……」「ひと握りの人しかなれないのでは……」と思っているかもしれませんね。

一般的に「限られた一部の人しかなれない」「なれたとしても不安定で継続性がない」と思われることの多いフリーランスですが、ひと昔前に比べると格段にハードルが下がっています。一定の条件をクリアしたうえで正しい戦略を持てば、**自分の好きなことや得意なことを武器にしてフリーランスとして稼いでいくことの敷居は、世間で言われているほど高くありません。**

では、その条件とは何でしょうか？　その前に、次ページで私の簡単な自己紹介を、漫画でしたいと思います。

著者 高田ゲンキはこんな人だ！

2 フリーランスになるために必要なこと

前頁でもお話ししたとおり、私は特別優れた要素が何もない凡人でした。独立前には周りの人から「フリーランスは無理だ」と言われたものでした。

自分でも天才ではないことは自覚していたので**「それならば最低限の要素をそろえたうえで、正しい戦略に基づいて行動すれば成功できるのではないか？」**と考え実行したところ、それが功を奏しました。以来15年以上にわたって、フリーランスとして活動してこられたというわけです。

そんな私の方法論だからこそ再現性が高く、今まさに「フリーランスになりたいけど、自分には特別な才能がない」と悩んでいるあなたへのヒントになるはずだと自負しています。

その最低限の要素とは、次の3つです。

> ❶ **専門スキル**
> ❷ **ＩＴスキル（ＩＴリテラシー）**
> ❸ **ビジネスについての最低限の知識**

これらを備えた状態で、加えてマーケティングなどの正しい戦略の知識を持つことが大切です。漠然と行動するよりも、はるかに成功率を上げることができます。

3 誰もが「フリーランスになれるスキル」を持っておくべき時代

もちろん、フリーランスを絶対的に肯定してすべての人にこの働き方を勧める気はありません。しかしそれとは別問題として、フリーランスになれる知識やスキルは、**学生や会社員、専業主婦などすべての人が持っておくべき**だと考えています。なぜなら、その知識やスキルは働き方だけでなく**生き方の選択肢を必ず増やしてくれるから**です。

本書は、これからフリーランスになりたい人やフリーランスになったばかりの人への指南書としてはもちろんのこと、この時代に漠然とした不安を抱えた人へのヒントとしても機能することを目的としています。

さあ、一緒にフリーランスについて学んでいきましょう！

● 大事なのは「働き方を選べるスキルを持っておくこと」

この本の全体の流れ

1時限目　フリーランスについて知ろう

フリーランスという言葉の定義や、特に本書の中での扱いについて明確にしていきます。また、フリーランスへの向き不向きやメリットとデメリットも挙げていくので、自分の適性を知る手がかりにしてください。

2時限目　フリーランスの働き方を理解しよう

具体的にフリーランス志望者が目指すべき職種を選ぶ際の手がかりや選択肢を増やすために、多種多様なフリーランスの職種と、その特色を学びます。また、志望職種の選定後のリサーチ方法などにも触れていきます。

3時限目　フリーランスになるための準備

実際にフリーランスになるために必要なものを挙げ、準備のプロセスを追っていきます。具体的には職種によって異なる部分もありますが、ひとつのサンプルとして知っておくことで実際のイメージが湧きやすくなるはずです。

4時限目　フリーランスになったら

マーケティングや営業など、フリーランスになった（開業した）あとの、ビジネスの広げ方や仕事の取り方などを学んでいきます。営業に使う名刺やウェブサイト、ポートフォリオのサンプルも紹介していきます。

5時限目　仕事の進め方

実際に仕事が来た際の流れや注意事項、そしてトラブル発生時の対処法を紹介していきます。フリーランス志望者が恐れる契約書や確定申告などについても、ここで詳しく説明していきます。

1時限目

フリーランスについて知ろう

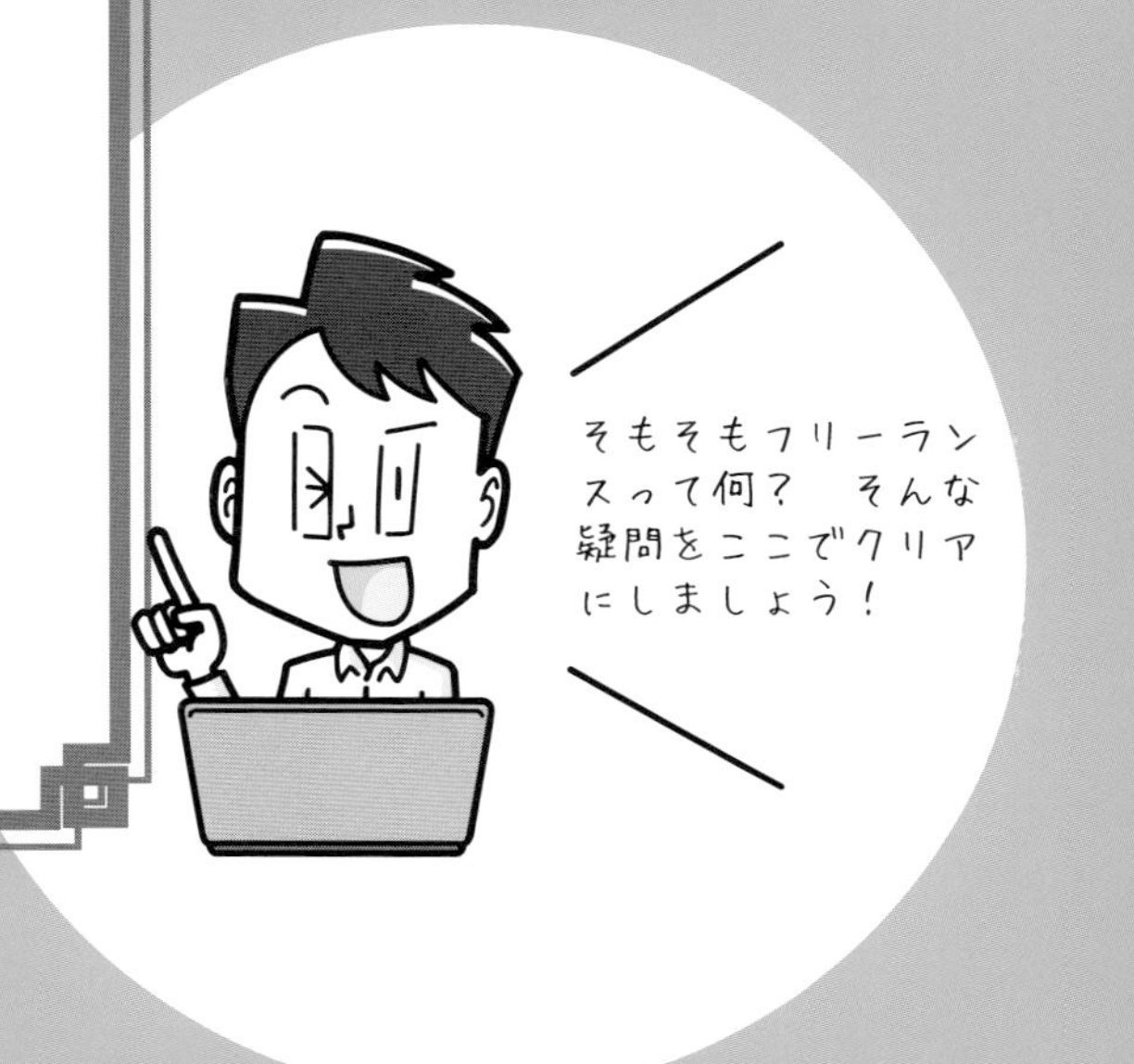
そもそもフリーランスって何？　そんな疑問をここでクリアにしましょう！

01 フリーランスって何だ？

1 一般的な「フリーランス」の定義

「フリーランスとして活動しています」と言うと、「え？　フリーター？」なんて聞き返されたりします。もちろん、フリーランスはフリーター（アルバイトで生計を立てる人）ではありません。フリーランスをひとことで日本語に置き換えると、「**個人事業主**」という扱いになります。

個人事業主にも「自営業」や「自由業」がありますが、この2つには実は明確な違いはありません。ただ世間一般では、**独立して自分でビジネスをする形態を「自営業」**と呼び、その中でもとりわけ**時間や場所に縛られない仕事（クリエイター、文筆業、パソコンを使った技術職など）を「自由業」**と呼ぶ傾向があるようです。

近年、「自由業」という解釈でフリーランスを志望する人が多い傾向にあるので、本書での「フリーランス」の定義は後者の「**自由業寄りの自営業**」としてお話しをしていきます。

2 私の考える「フリーランス」の定義

ではここで私、高田ゲンキが考える「フリーランスの定義」についても、お話ししたいと思います。

自分ひとりで完結して、他者に「〇〇」を与えられる人

さて、「〇〇」にはどんな言葉が入るでしょうか？

フリーランスの仕事に必要なのは……

もったいぶってすみません。でも、ちょっと考えてみてほしかったんです。

これは色々な場所で投げかけてきた質問なのですが、多くの人が「**価値**」と答えます。「自分ひとりで完結して他者に価値を与えられる人」。これも確かに間違いではありません。

でも、私の答えは少し違います。私が考える正解はこれです。

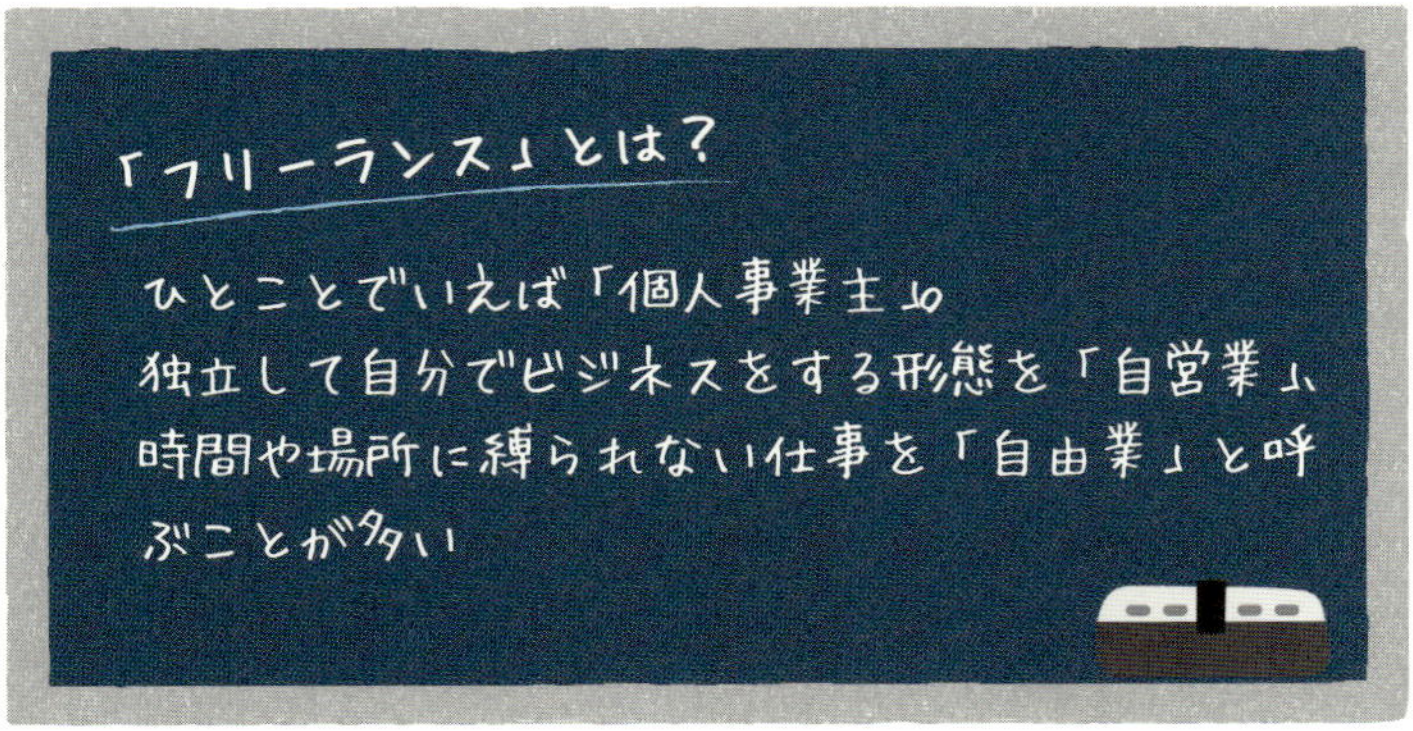
「フリーランス」とは？
ひとことでいえば「個人事業主」。
独立して自分でビジネスをする形態を「自営業」、
時間や場所に縛られない仕事を「自由業」と呼
ぶことが多い

自分ひとりで完結して、他者に「感動」を与えられる人

心に響いて涙を流すような感動はもちろん、「すごく面白い！」「すごく元気が出る！」「仕事がものすごく早い！」「商品のクオリティが高い！」とか、何にせよ**人の感情を揺さぶるものが「感動」**です。

とにかくそういった**圧倒的なインパクトを自分ひとりで生み出すことができる人**は、フリーランスに向いているといえます。

余談ですが、では会社員は感動を生み出していないのかというと、決してそうではありません。**会社員はチームで感動を生み出している**のです。もちろんフリーランスでもチームで活動するケースもあるので絶対ではありませんが、ひとつの基準として、自分は「ひとりで」「皆で」どちらに向いているか判断するときに参考にしてください。

人は感動すると…　お金を払いたくなる！
つまり、「他人を感動させることができる人」は、それを仕事にできる

3 フリーランスに向いている人の特徴

前項では、職能的にフリーランスに向いている人の例を挙げました。ここでは「一般論的に、こんな性格の人がフリーランスに向いている・向いていない（といわれている）」例を挙げてみます。

❶ 楽観的な人

傾向として、**楽観的な人は悲観的な人よりもフリーランスに向いています**。特に独立前後から駆け出しの時期は、どんな人でも上手くいかないことのほうが多く、また周囲から厳しい意見を浴びたりもします。

そういうときにいちいちクヨクヨせず、「まあ、何とかなるさ」と思える性格を持っているとしたら、それだけでもフリーランスとして生き残れる可能性は高いといえます。

❷ 主体的な人

フリーランスの仕事は待っていても来ません。そしてせっかく来た仕事も、自分から動かないと進まないし終わりません。**フリーランスは自分で仕事を見つけ、自分で仕事を回す必要がある**のです。成功してビジネスが大きくなれば人を雇って分業化することも可能ですが、少なくとも駆け出しの数年間は企画・営業・制作・経理など、会社ならば複数の人間が分業するタスクをひとりでこなす必要があります。

ですから、率先して仕事を探し（あるいは作り）、どんどんとこなしていける主体性を持っている人は、フリーランス適性が高いといえます。

③ 上昇志向の強い人

これは「**社会的な評価や経済的な成功へのモチベーションを、高いレベルで維持できる人**」と言い換えることもできます。フリーランスは常に市場での競争にさらされている状態なので、少し状況が安定したからといって安心して気を抜くと短期間で仕事が激減したり、信頼を失ったりしてしまいます。

特に、フリーランスは技術力やセンスを前提としている職業が多いです。常に切磋琢磨して上のステージを目指すくらいの気概を持ち続けないと、時代の変化についていけず廃業を余儀なくされることすら珍しくありません。

そういった意味では、**成功や新しい物・情報への執着が強すぎるくらい**のほうが、フリーランスに向いているといえるでしょう。

● 上昇志向は強すぎるくらいのほうがいい！

4 こんな人はフリーランスに向いていないかも

❶ 悲観的な人・不安症な人

自由な働き方には、その代償として常に不安定さや孤独がつきまといます。そのような状況の中で、いちいち悲観的になったり不安を抱えていては身が持ちません。楽観的すぎて問題を看過《かんか》してしまうのもよくありませんが、楽観的に構えて小さなできごとに一喜一憂しない性格の持ち主のほうが、フリーランスに向いています。

❷ 安定を求める人

フリーランスは、会社員のような働き方と比べると収入や労働時間が不安定です。安定志向が強い人は、こうした不安定さがあるだけでもストレスを感じてしまい、本来のパフォーマンスが出せなくなる傾向があります。

様々な不安定さの中に身を置いても、その状況をバネにしてパフォーマンスを発揮できるタイプの人のほうが、フリーランスには向いています。

❸ プレッシャーに弱い人

フリーランスのビジネスは、一つひとつの場面が勝負の連続です。会社員なら入社したばかりの頃は小さなミスで職を失うこともないし、上司が責任を取ってくれることもあるでしょう。しかしフリーランスは自分ひとりで全責任を負い、一度のミスや問題で全信頼を失う可能性もあります。そして、そこには駆け出しもベテランも関係ありません。

そういうプレッシャーに押しつぶされてしまう人は、フリーランスに向かないかもしれません。

ただし、これはあくまで一般論

冒頭でもお話ししたとおり、これはあくまで一般論です。ここで挙げた向いていない人の特長にあてはまる人すべてが、必ずしもフリーランス適性が低いとは限りません。楽観的な性格も度を越せば失敗につながりますし、バランスを欠いた主体性は時として協調性の欠落にもなり得るからです。

本項は自身の性格を客観的に把握し、それを意識的に補うための指標として参考にしてください。

自分の長所と短所を
知ったうえで戦略を
立てよう!

世間での欠点はフリーランスの長所？

02 フリーランスのメリット

フリーランスは、**やりたいことを仕事にするための最適な手段のひとつ**ですが、当然そこにもメリットとデメリットが付随してきます。メリットを知っておくことで、独立直後からパフォーマンスを最大限活かすことができ、デメリットを知っておくことで、独立後に「こんなはずではなかった」という事態を回避できる可能性を高められます。

また、特にこのセクションでは会社員の働き方との比較を多く用いますが、これは会社員を一般的に広く認識されている代表的なワークスタイルとして対象にしているのであり、決して会社員的なワークスタイルの否定を意図するものではないことをご理解ください。

1 メリット❶ 時間や場所に縛られない

フリーランスの最大のメリットともいえるのが、**時間や場所の制約がない**ということです。実際、この文章もベルリンのカフェで、息子の保育園のお迎えの待機時間中に執筆しています。

職種にもよりますが、昨今はノートパソコンやiPadなどのタブレットの進化によって、カフェでも移動中でもちょっとした空き時間に仕事ができます。時間を有効利用することで効率的に稼いだり、あるいは余暇の時間を作って家族と過ごす時間を増やすなど、**自分の人生や生活を自分のイメージどおりにデザインしたりコントロールできる領域が増える**のです。

❶ 通勤がない

多くのフリーランサーが口をそろえて挙げる最大のメリットが、この「通勤がない」ことです。私自身も会社員時代は早朝の満員電車で通勤していたこともありましたが、これほどストレスを感じる時間はありませんでした。

● 会社員時代の生活

独立前、私は広告のデザイナーをしていました。朝起きてから朝食の時間の間に良いアイデアが思い浮かぶことが多かったのに、眠い目をこすって慌てて朝食を取って駅まで走り、さらに満員電車に揺られる一連の通勤時間の中ですっかりアイデア

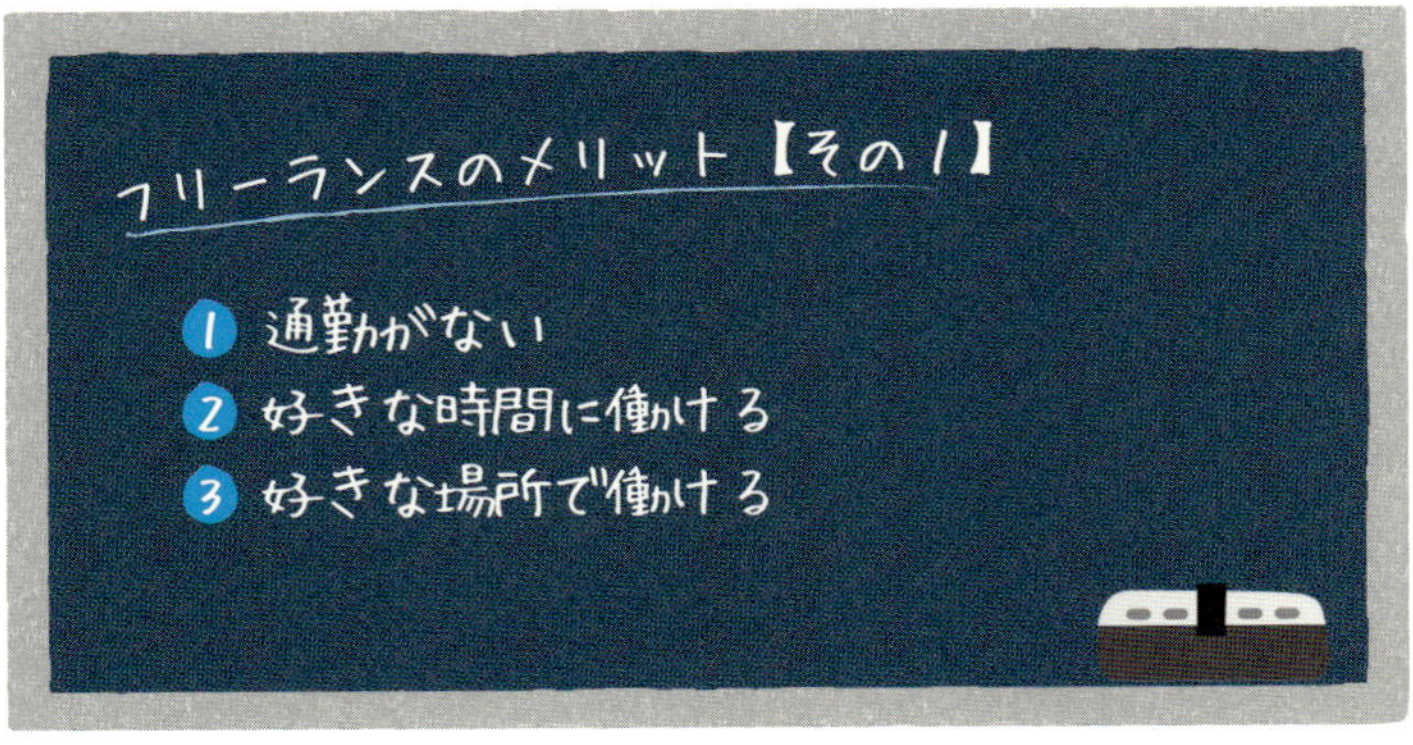
フリーランスのメリット【その1】
1 通勤がない
2 好きな時間に働ける
3 好きな場所で働ける

が消え失せてしまっていることがよくありました。

● フリーランスになってからの生活

フリーランスになってからは基本的に在宅で仕事をするスタイルなので、朝起きてのんびり朝食をとりながら思いついたアイデアをメモすることも可能ですし、場合によっては食卓でノートパソコンを開いて仕事をしたり、仕事部屋で作業をしながら朝食をとることもできます。

私にとっては、**湧いてきたアイデアやモチベーションの鮮度が落ちないうちに作業できる環境が仕事をするうえで何よりも大事**なので、そういった点でもフリーランスになってからのほうが生産性がはるかに上がりました。

❷ 好きな時間に働ける

好きな時間に働けるのも、フリーランスの大きなメリットのひとつです。私が会社員時代に大嫌いな残業以上に嫌いだったのが、せっかく高いモチベーションで作業に集中できているのに、就業時間などの都合で中断しなければいけない

● これがフリーランスの通勤だ！

ことでした。

誰しも人間関係や天候、さらには体調や体内リズムなどの様々な理由で「今なら何でもできそう！」と、やる気みなぎる日もあれば、「今日は全然やる気が出ない……」という日もあります。

特にクリエイターの仕事は「何でもできそう！」という日は、やる気が出ない日の何倍もの生産性があります。しかしそうはいっても組織で働く以上は組織のルールに従わざるを得ず、昼休みや退社のタイミングごとの作業中断によるパフォーマンス低下が非常にストレスだったのです。

フリーランスになれば、やる気でみなぎっている日に何日分もの仕事をこなし、やる気が出ない日はオフにして寝たり、遊んでリフレッシュすることも可能です。自分で生活リズムを作りたい人には、ぴったりの働き方であるといえます。

● フリーランスの一日（高田ゲンキの場合）

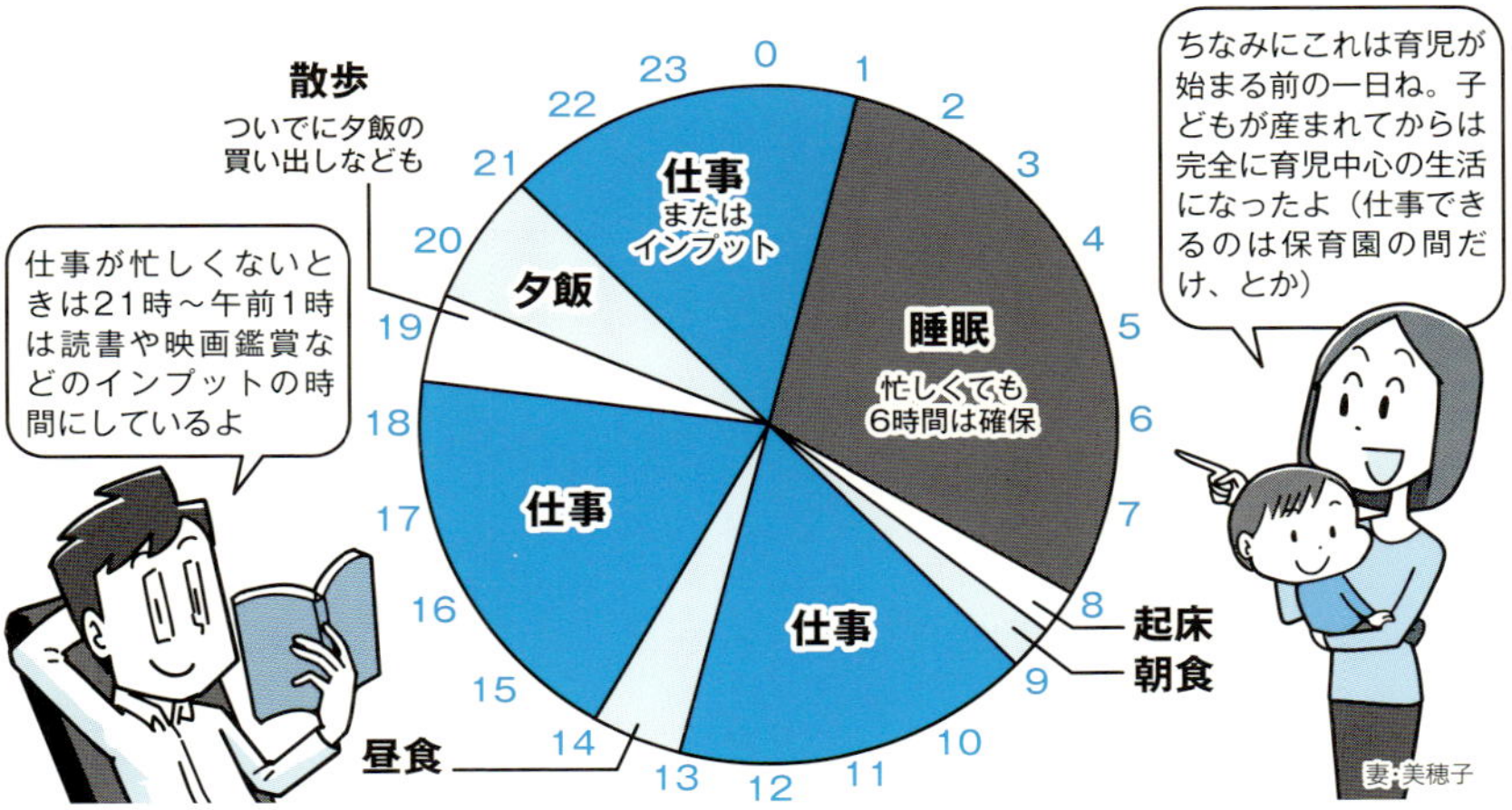

❸ 好きな場所で働ける

冒頭でもお話ししたとおり、多くのフリーランスはノートパソコンさえあれば、カフェでも移動中でも仕事ができます。このロケーションフリーなワークスタイルは、それだけでも生産性や創作性の向上に貢献します。

しかしフリーランスの拠点選択の自由は、そのレベルに留まりません。**「住む場所」さえ自分で選ぶことができる**のです。実際多くのフリーランスが自分の望む場所に移住していますが、私が最初に目の当たりにして感銘を受けたのは、私の師匠的存在のイラストレーター、大寺聡《おおてらさとし》さんのライフスタイルでした。

大寺さんはもともとイラストレーターとして東京を拠点に大活躍されていましたが、2000年に祖父の土地があった鹿児島に、「永遠の夏休み」をテーマにした自宅兼スタジオを建て移住。自然豊かな環境の中の未来的な居住空間でイラストの仕事に打ち込んだり、時には奥様とのんびりとした時間を過ごされています。2003年に初めてその大寺さん宅を訪問した私は、あまりにも素敵なその生活に大きな影響を受けました。

現在、私はドイツ・ベルリンで生活しながら日本のクライアントとも仕事をしていますが、そのルーツは大寺さんのスタイルなのです。フリーランスは**クライアントに必要とされるレベルの高いスキルさえ維持すれば、住む場所さえ自由になります**。そして、自分が望む環境での生活や仕事は、想像以上に仕事のモチベーションやクオリティ・オブ・ライフを高めてくれるのです。

僕らがベルリンに移住した理由

2 メリット❷ 仕事もプライベートも選択肢が増える

❶ 嫌いな人とは働かなくていい

会社員をしている友人から最も多く聞く愚痴は「嫌いな上司との人間関係」ですが、フリーランスはこの問題がほとんどありません。もちろん相性の悪いクライアントに当たることはありますが、どんなに長くとも**ひとつのプロジェクトが終わるまで我慢すれば、それきり二度と一緒に仕事をしないで済む**のがフリーランスのいいところです（ただし、次回以降の依頼を毅然と断るメンタリティは必要です）。

仕事のパフォーマンスは自分自身の能力だけでなく、一緒に仕事をする人との相性にも大きく左右されます。フリーランスはこの点を自分でコントロールできる領域がかなり大きく、その結果、次のようなメリットが生まれるのです。

- **楽しく仕事ができる**
- **高いパフォーマンスで仕事ができ、結果を残しやすい**
- **ストレスが少ないので過剰に酒や煙草などの嗜好品に依存する必要がなく、健康的**

② 家族と過ごす時間が増える

一般的にフリーランスは、家族や大切な人と過ごす時間を多く取ることができます。

私の場合、妻も在宅のフリーランスイラストレーターで、基本的に同じ部屋で仕事をしています。毎日24時間一緒ですし（これを話すと「自分は無理」と嫌がる人もいますが……）、２０１６年に子どもが生まれてからは、仕事を減らしながら育児にも積極的に関わっています。

自分がフリーランスなら、たとえば会社員のパートナーが地方や海外に異動になった場合にも、一緒に引っ越して新天地でそれまでと変わらず仕事をすることもできますよね。つまり、**不本意な単身赴任や遠距離恋愛などをせずに済むのです。**

家族やパートナーと四六時中べったり一緒にいることが必ずしもいいとは限りませんが、一緒にいるにせよ離れるにせよ、**自分の判断で行動できる環境**は人生を豊かにしてくれることでしょう。

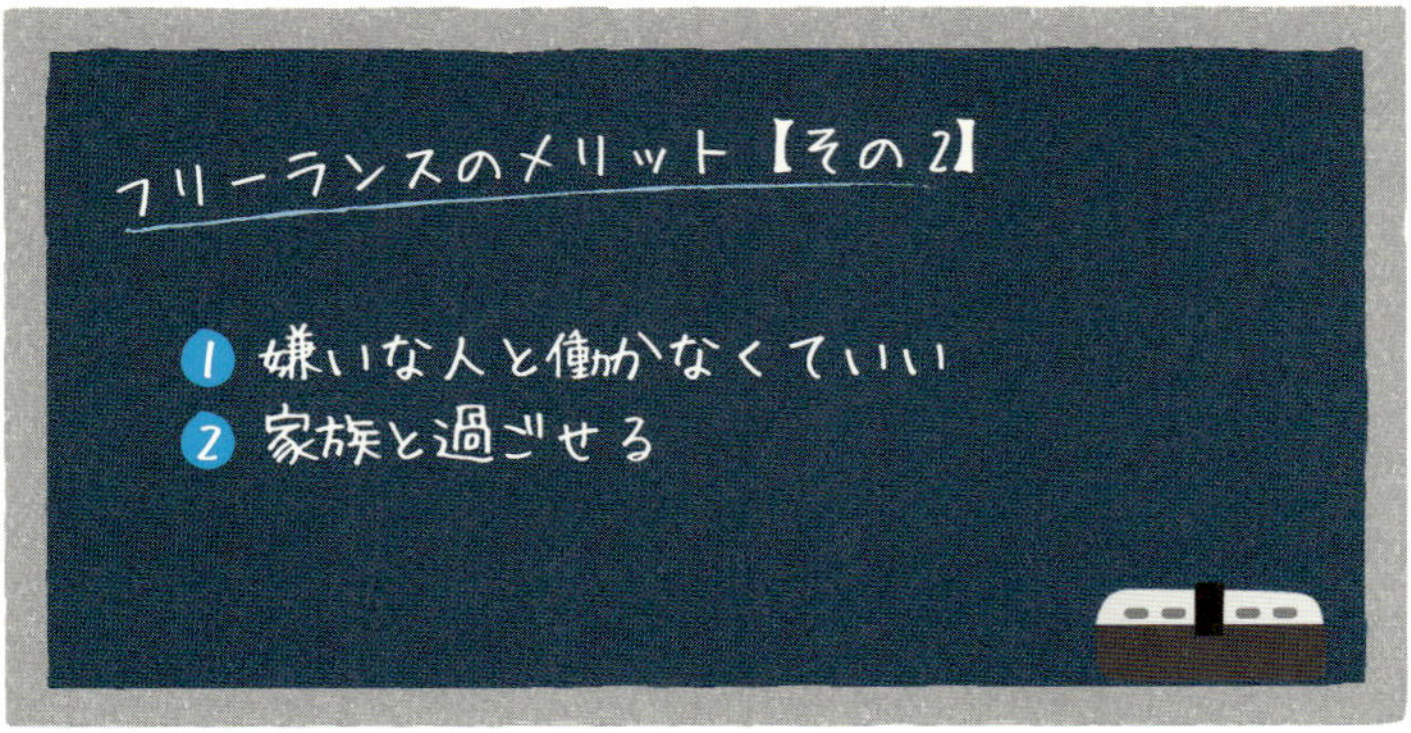
フリーランスのメリット【その2】
1 嫌いな人と働かなくていい
2 家族と過ごせる

3 メリット③ 自分のためだけに働ける

❶「生産量」と「稼ぎ」が比例する

会社員やアルバイトが働いた時間に応じて稼ぎが増えるのに対し、**フリーランスは生産量に応じて稼ぎが増えます**。たとえば、イラストレーターの稼ぎは「何時間（あるいは何日）かけて描いたか」ではなく、「決まった金額（一点1万円など）のイラストを何点描いたか」で決まります。受注さえあれば、**自分の作業効率やスピードが上がれば上がるほど稼げるようになる**のです。

私がフリーランスになったばかりの頃は、一点５０００円のカットイラストを一日に1～2点仕上げるのがやっとでしたが、15年たった今、同等のイラストを一日に10点以上仕上げることができるようになりました。

それはつまり、次のことを意味します。

> ❶ **収入を5～10倍に増やせる**
> ❷ **労働時間を5分の1～10分の1に減らせる**

現在私は育児をしながら仕事もしている状態ですが、この「**稼ぎが労働時間ベースではなく生**

産量ベースであること」も、夫婦で育児をする生活が成り立つ理由のひとつなのです。

ですから、私のように育児をしたい男性はもちろん、育児中であったり今後子どもを持ちたいと考えている女性にとっても、フリーランスの働き方はメリットが大きいといえます。

❷ 自分の能力を最大限活かせる

フリーランスは、**100%自分の得意分野を活かして働けます**。これは会社員ではなかなか難しいことです。組織では、自分で「これが得意」「これがやりたい」という分野がハッキリしていても、人事で希望しない部署や役職に配属され、望まない仕事をせざるを得ないケースも少なくありません。

その点、フリーランスは**自分次第で専門分野も肩書も決めることができ、得意分野を活かしたスタイルで貢献しやすいプロジェクトに関われます**。楽しいうえにパフォーマンスも結果も出せ、自分もどんどん成長する、まさに好循環が生まれるのです。ただし、失敗するリスクとも背中合わせではありますが。

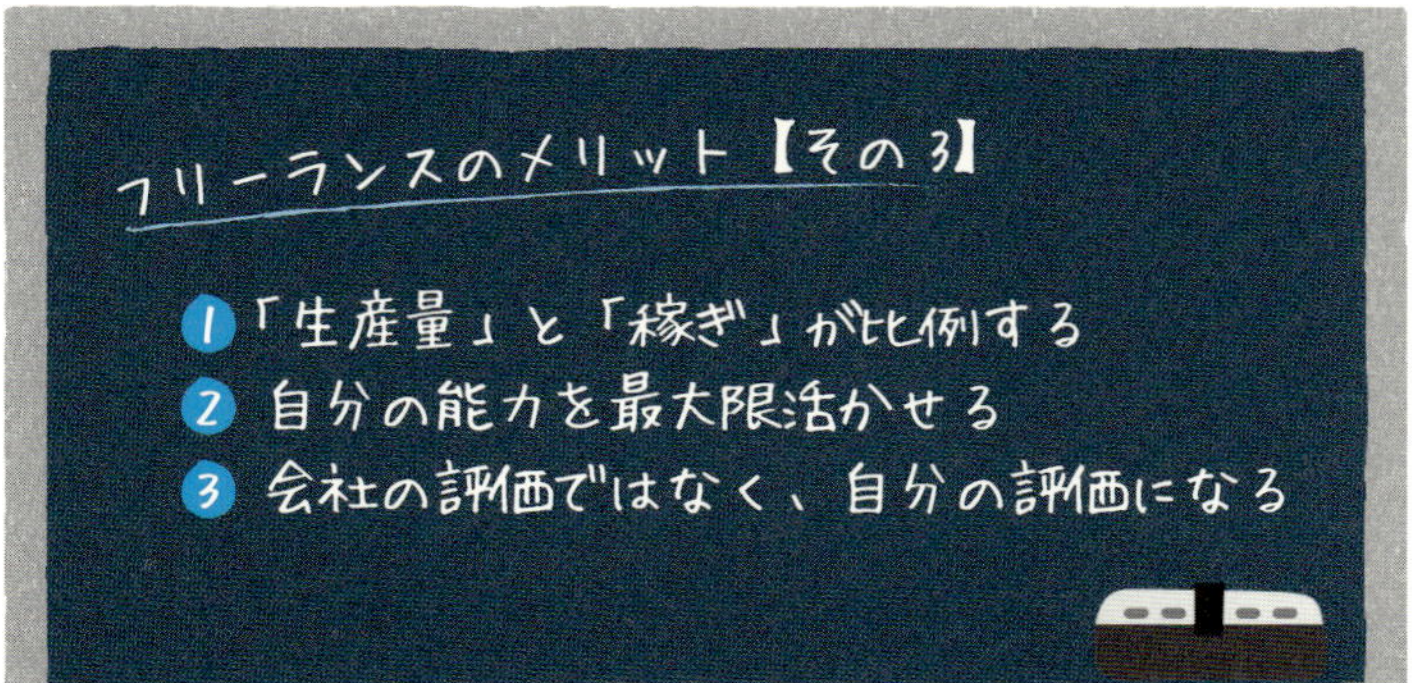
フリーランスのメリット【その3】
1 「生産量」と「稼ぎ」が比例する
2 自分の能力を最大限活かせる
3 会社の評価ではなく、自分の評価になる

③ 会社の評価ではなく、自分の評価になる

これは認識していない人が多い事実ですが、会社員として仕事を頑張るということは、「社会に対する会社の評価や信用を上げるために貢献する」ということです。そして、どれだけ会社の業績に貢献しても、**社会における自分自身の個人としての評価や信用が短期間で著しく上がることはありません。**

● 会社の場合

大きな会社ほど同時にたくさんの事業やプロジェクトを進めており、成功するものもあれば失敗するものもあります。成功は失敗の補填になり、そうしたバランスの中で業績の平均値を伸ばしていくものだからです。その代わり、失敗して会社に損失を与えても、すぐに給料が半減したり解雇されたりはしない安心感があります。

● フリーランスの場合

一方で、フリーランスも「クライアントの業績のために働く」という意味では同じものの、そのプロ

自分にはどちらの働き方が向いているのか、考えてみよう。

ジェクトにおける**自分の仕事は自分の実績として**ポートフォリオに載せることができます（クライアントとの契約内容によっては公にできないケースもあります）。つまり**仕事で成果を上げれば上げるほど、それが社会における自分の評価や信用に直結し、それがさらに大きなクライアントや案件につながるのです**。よって、数年単位で飛躍的にキャリアを成長させることも可能です。

4 メリット❹ リスクが低い

一般的に「フリーランスは会社員と比べるとリスクが高い」といわれます。しかし、15年間フリーランスとして活動してきた中で感じたのは「**必ずしもそうではない。むしろ、フリーランスだからこそリスクが低い部分もある**」ということです。

❶ 自分の判断で長期的なプロジェクトを続けられる

ビジネスには、主に次の2種類があります。

- **A 短期的に成果が出やすいプロジェクト**
- **B 長期的に続けて初めて成果が出るプロジェクト**

● 会社の場合

会社の中では「A 短期的に成果が出やすいプロジェクト」を求められることが非常に多く、たとえ大きな可能性を秘めていても「B 長期的に続けて初めて成果が出るプロジェクト」の遂行は難しいことが多いものです。

● フリーランスの場合

その点フリーランスは、**最低限の収入を確保さえできれば、短〜中期的には赤字のプロジェクトでも自分の判断で継続することができます。**私も２０１４年に本業のイラスト業の傍ら、フリーランスに関する情報発信をブログやＳＮＳで始めました。開始後数年間は大きく収益化することなく継続していましたが、２０１７年以降にフリーランスへの注目が急速に高まったことでそうした発信も仕事につながり、今に至ります。

フリーランスは、**会社内なら失敗と断定されてしまいかねない成果の見えにくいプロジェクトでも、自分の判断でいくらでも継続できる**のです。

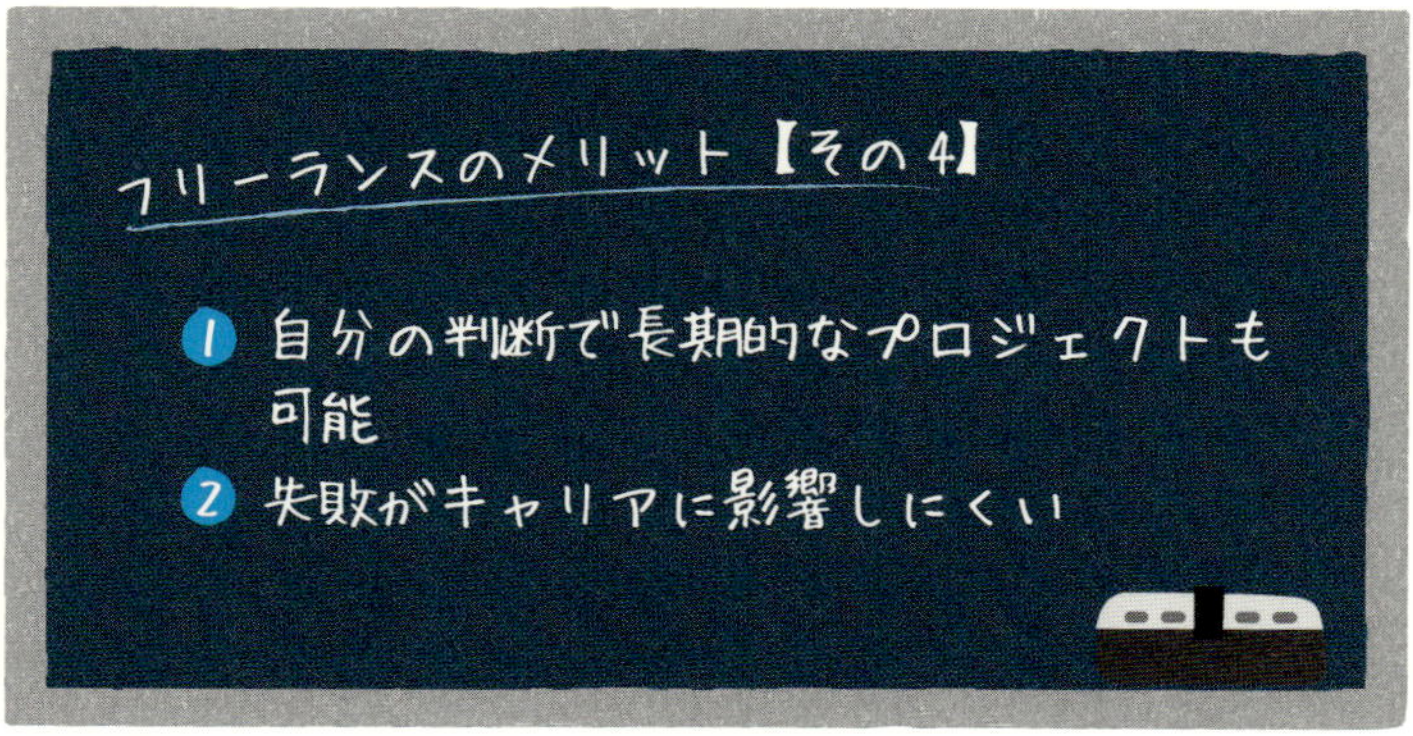
フリーランスのメリット【その4】
1 自分の判断で長期的なプロジェクトも可能
2 失敗がキャリアに影響しにくい

❷ 失敗がキャリアに影響しにくい

実はフリーランスは、**ビジネスにおける失敗が後のキャリアにそれほど影響しません**。業界中に知れ渡るような大失態ともなれば別かもしれませんが、たいていは「二度とそのクライアントからは仕事の依頼が来なくなる」程度の影響しか受けません。もっと相性のいい（自分を正しく評価してくれる）クライアントを探せばいいだけの話なのです。

● 会社員の場合

たしかに会社員は、ひとつのプロジェクトで自社や取引先に損害を与えるなどの大失敗をしても、即解雇されたり翌月から給料が半減するようなことはありません。しかし失敗の記録は社内に半永久的に残り、それが将来的な出世（昇進・昇給）に影響します。そう考えると、会社員のほうが「失敗がキャリアに影響しやすい」というのがお分かりいただけるのではないでしょうか。

たまに、「会社で出世したければ成功を狙って行動するのではなく、問題を起こさないために何もしなければいい」という話も聞きますが、それもこんな事情が関係しているのです。

よって、**失敗を恐れずどんどん新しいビジネスに挑戦したい人にこそ、フリーランスの働き方はメリットが大きい**といえます。

03 フリーランスのデメリット

1 デメリット❶ 仕事に関するすべてのことが自分の責任になる

フリーランスになったその日から**雑務や経理の面倒は誰も見てくれず、すべて自分でやらなければなりません**。外部に依頼することもできますが、その依頼の手続きなどは自分でする必要があります。そのためには、雑務を含めた全業務の全体像を常に把握しておかなければならないのです。こういった本来の専門業務以外のタスクを楽しめる人も中にはいますが、実際は多くのフリーランサーがストレスを感じています。

❶ 確定申告が面倒くさい

多くの人が口をそろえてデメリットに挙げるのが、毎年やってくる**確定申告**です。中には「スキルもあるしフリーランスになりたいけど、確定申告があまりにも面倒くさそうなので二の足を踏んでいる」という人までいるくらいなので、相当な嫌われようです。

私もフリーランスになってから10年以上、毎年確定申告をしていますが、あまりにも面倒なのでフリーランス2年目からは**税理士さんにお願いして代行してもらっています。**本当にこればかりは、何も気にしなくても経理部が勝手に処理してくれた会社員時代がどれだけありがたかったか、毎年噛み締めています（確定申告については174頁で詳しくお話しします）。

しかし**確定申告を毎年経験することで、自分の売上と収入のバランスやお金の流れを知ることができます。**それがきっかけで経済や政治に関心を持つ人が多いのもまた事実なので、必ずしも悪い面ばかりでもありません。

❷ 初期投資にお金がかかるので参入障壁が高い

当然ですがフリーランスになる以上、**仕事に必要な設備はすべて自分でそろえなければなりません。**必要なものは職種によって異なりますが、私はイラストレーターとして独立するにあたって次のものを買いました。

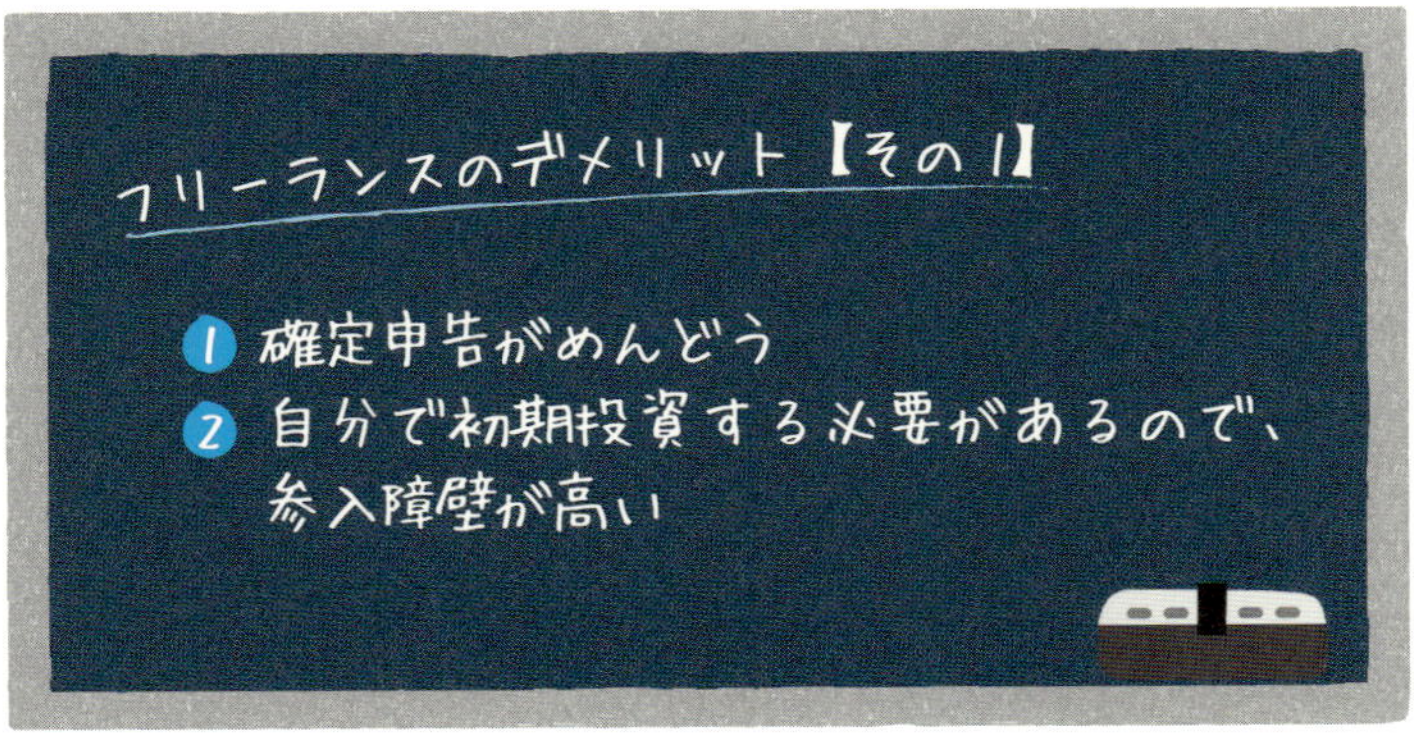
フリーランスのデメリット【その1】
1 確定申告がめんどう
2 自分で初期投資する必要があるので、参入障壁が高い

- パソコン（イラスト制作に適した高性能なMac）
- 大型モニタ
- ノートパソコン（外出先での打ち合わせや作業用）
- ペンタブレット
- プリンタ
- スキャナ
- 仕事用デスク
- 仕事用チェア
- 専門分野の書籍や雑誌

トータルで200万円ほどかかったので（15年ほど前のことなので、パソコンなどの値段が今より高かったこともあります）、会社員時代の給料やボーナスを可能な限り投資して少しずつそろえました。

もし会社員として同じ業務をするとしたら、入社した日から同等の環境が会社によって用意されているわけです。そう考えると、会社員とフリーランスの初期投資の違いがいかに

● イラストレーターとして独立するにあたって買い揃えたもの（2004年）

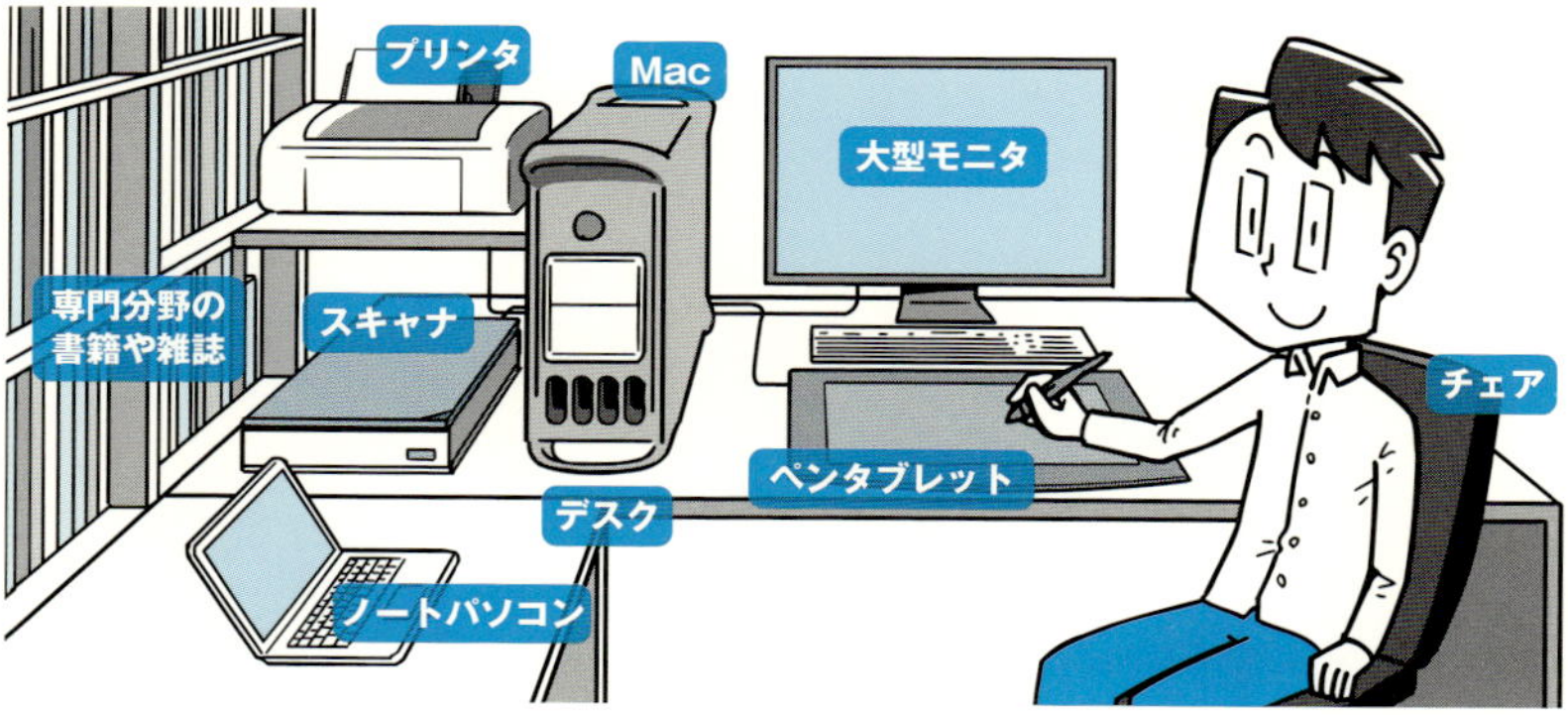

大きいかよく分かると思います。加えて、もしパソコンや周辺機器が壊れてしまった場合、**フリーランスは自分で修理や買い替えをしなければならない**ことも想定しておきましょう。

最近はパソコンや周辺機器も低価格化が進んでいるので、私が独立した時代よりは初期投資が大変ではなくなっています。仮にライターやWebデザイナーとして独立する場合は、先述よりも購入する機材も少なく安価です。逆に写真や音楽などを専門とする人は、イラストレーター以上に機材費が高くなるでしょう。**個々の分野において最低限必要なものをリストアップして、事前にどのくらいの投資が必要か概算を出しておく**のがおすすめです。

2 デメリット② お金や老後に関する不安が多い

❶ 収入が不安定

「フリーランスは収入が不安定」とよくいわれますが、残念ながらこれは一部の例外を除いて事実です。この不安定さは、駆け出しで仕事が少ない時期や、育児などで働く時間が制限されるうえに出費がかさむ時期には、特に大きなデメリットになります。

しかしそれ以外の状況においては、この**不安定さがデメリットになるかどうかは個人個人の適性によります**。23頁でもお話ししましたが、悲観的で安定を求めるタイプの人にとっては、これはデメリットでしかありません。その一方で、楽観的かつ逆境を楽しんだりバネにして頑張れるタイプの人にとっては、モチベーションにつながることもあります。

また、さらに根本的な部分で**「実は大事なのは安定ではなく収入額」**であるという認識を持っておきましょう。たとえば次のような二人がいるとします。

> **Aさん：毎月15万円をコンスタントに稼いで、年収180万円の人**
>
> **Bさん：月々の収入額は不安定だけど、年収にすると1000万円の人**

世間一般に「収入が安定しているかどうかを計る」月収ベースで見ると、Aさんは「安定収入のある人」、Bさんは「収入が不安定な人」となります。

しかし「では、あなたはどちらの年収になりたいですか？」と聞かれたら、Bさんと答える人が圧倒的に多いでしょう。そう考えると、「収入が安定しているかどうか」だけを重要視する必然性がないこと

●「安定」と「収入額」、どっちが大事……？

が分かると思います。

なお、所得補償制度などのフリーランスの収入の不安定さを補うサービスも新しく現れてきているので、このフリーランスの収入の不安定さも以前と比べると改善されてきています。

❷ クレジットカードが作りにくい

フリーランスでも、ある程度の収入があればそれなりに審査は通りますが、会社員と比較すると審査が厳しいのは事実です。

ただ最近はフリーランスの急激な増加が社会的に注目されていることもあり、２０１９年にはランサーズが新生銀行と提携してフリーランス向けクレジットカード「FreCa（フリカ）」のサービス提供を開始するなど、今後この状況も徐々に変わる兆しを感じます。

❸ 住宅ローンが組みにくい

今までに「住宅ローンが組みにくいから、フリーランスにはならない」という人に何人か会ったことがあります。収入額やローンの組み方次第で絶対に組めないわけではありませんが、やはりこれも会社員と比べると不利なのは確かです。

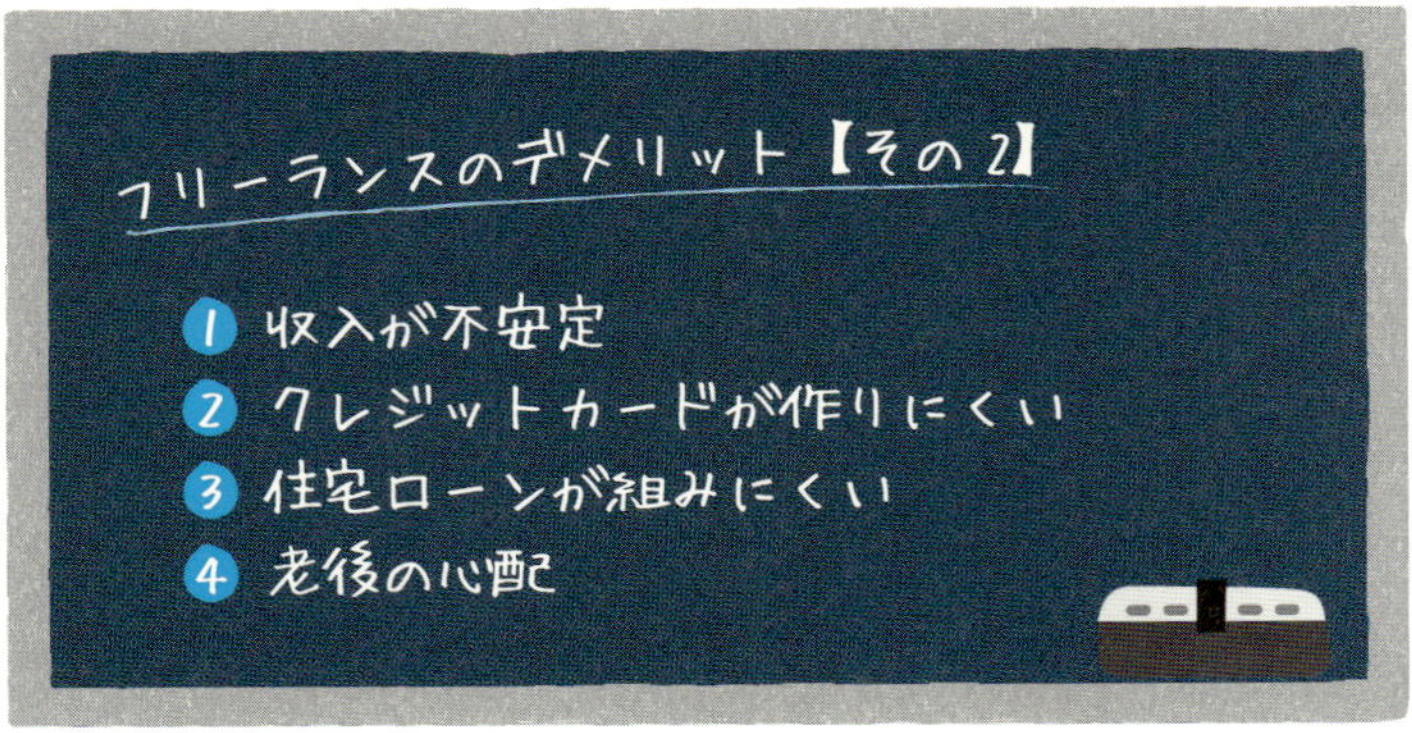

このレベルになると、「マイホームを持てるかどうか」と「好きな働き方ができるかどうか」の優先度の問題になってきます。どうしてもマイホームを持ちたいという人は、慎重に検討してみてください。

❹ 老後の心配

会社員のように厚生年金もなく、それどころか定年の年齢まで現役で稼ぎ続けられる確証も全くありません。もしかしたら、今は稼げていても来年にはすっかり仕事がなくなって、食いっぱぐれているかもしれないわけですから……。

その不安要素を認識したうえでできることは、次のようなことくらいです。

- **稼げても無駄な浪費はせず貯金をする**
- **時代の変化に合わせて勉強したり感覚を磨く**
- **年をとっても元気に働けるように、健康面にも気をつける**

しかし考えてみれば、これらは何も**フリーランスに限らず会社員でも本来必要な意識**です。そして現代の日本においては、会社員でさえ必ずしも老後が安泰なわけではありません。そういった意味では、危機感に敏感になって常に成長を忘れない緊張感を保てるフリーランスは生命力が強いかもしれません。

3 デメリット③ その他フリーランスならではの問題

① 孤独

特に、独立したばかりの駆け出しの時期は非常に孤独なものですが、ビジネスを軌道に乗せるために人一倍がんばって結果を出さなくてはなりません。私個人としては「そういう時期こそ孤独をバネにして頑張って、他人をあっと言わせるようなものを作るべき」と考えています。**不安定さや孤独が自分を成長させてくれると信じて、仕事にストイックに向き合うのが私の信条**なのです。

しかし、この時期に息が詰まるほどの孤独を感じて心を病んでしまう人も少なくありません。そういう人は無理にストイックな環境を自分に強いることはせずに、各地で盛り上がっているコワーキングスペースやコミュニティなどに足を運び、積極的に他人と関わる機会を持つと良いでしょう。こ

● フリーランスの孤独との付き合いかた

孤独をバネに頑張るのもよし！

励ましあえる仲間を見つけるもよし！

れは不安や孤独を和らげるだけでなく、**インターネットだけでは得にくい仕事のノウハウや、クライアントとのコネクションを獲得する方法のひとつ**としても有効です。

② 間違いや無知を指摘してくれる人がいない

たとえば大人なら知っていて当然な教養レベルの知識を知らなかったり、有名な会社や人の名前を間違って覚えていても、フリーランスは誰にも指摘してもらえません。クライアントや同業者も所詮は他人なので「間違っているな……」と内心思いながらも、なかなか指摘まではしてくれないのです。

また、ちょっとしたコツで効率化や短縮ができるようなことも、ひとりで仕事をしていると気づく機会がなかなかありません。結果として何年も無駄な作業を繰り返すことになり、膨大なロスが生じてしまうこともあります。こういった事態を避けるために、フリーランス同士で忌憚なく間違いを指摘しあえる関係を持てると理想的です。

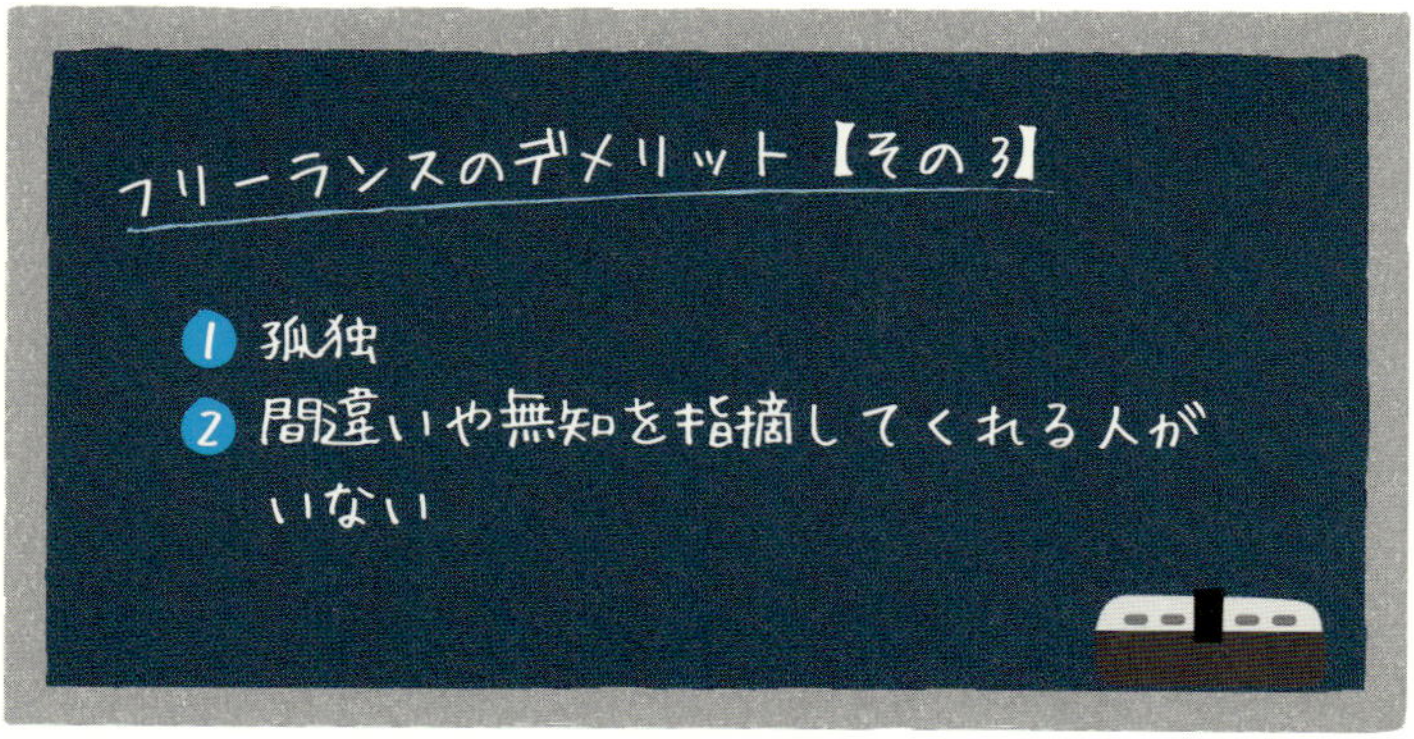

デメリットは試金石

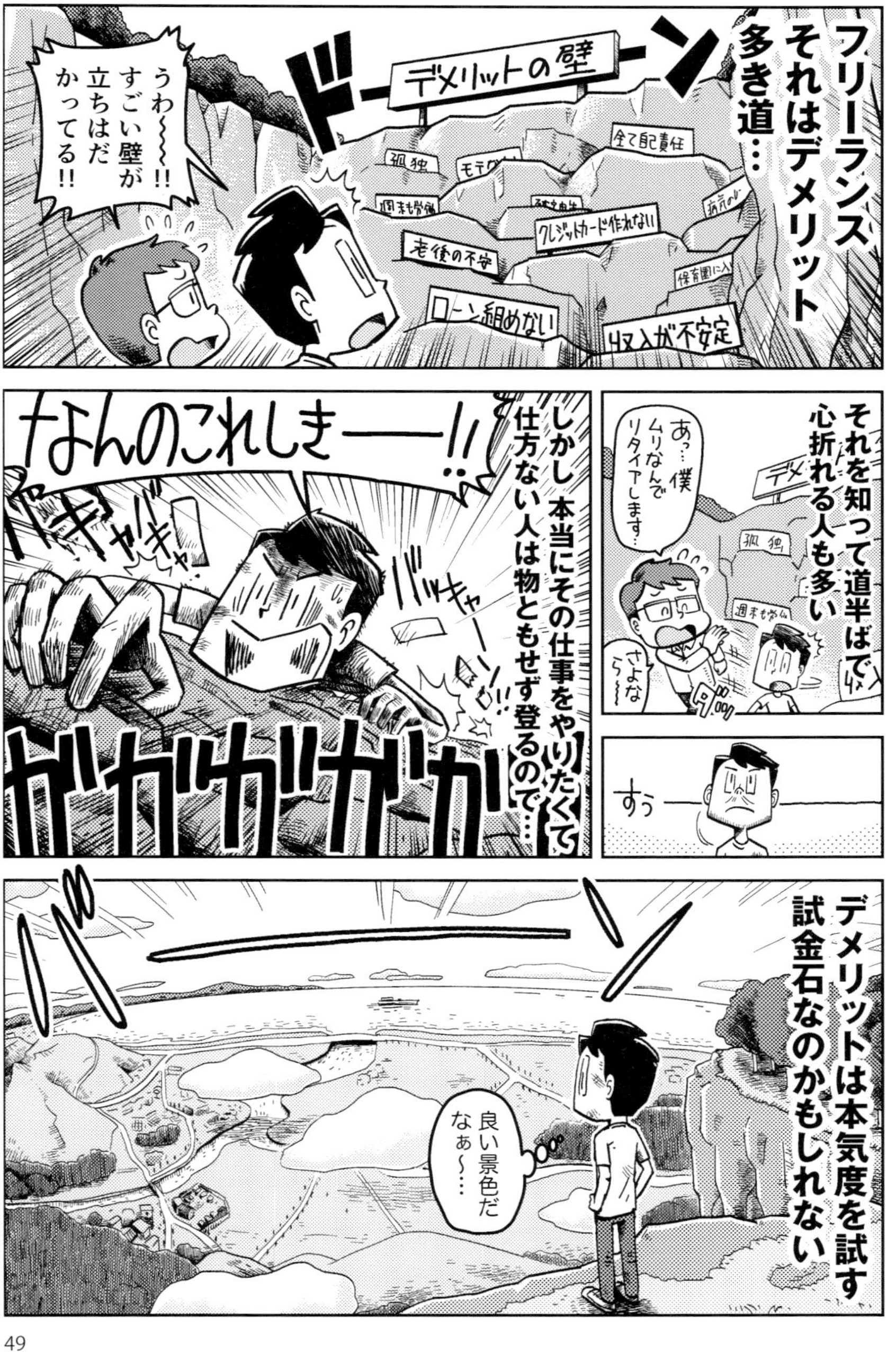
フリーランス それはデメリット多き道…
ドーーン
デメリットの壁
全て自己責任
孤独
週末も労働
老後の不安
クレジットカード作れない
保育園に入
ローン組めない
収入が不安定
うわ〜〜〜!! すごい壁が立ちはだかってる!!
それを知って道半ばで心折れる人も多い
あっ…僕 ムリなんでリタイアします…
孤独
週末も労
さよなら〜
しかし本当にその仕事をやりたくて仕方ない人は物ともせず登るので…
なんのこれしき——!!
バキャバキャ
バッキャーン
ガガガガガガ
すぅ——
デメリットは本気度を試す試金石なのかもしれない
バーーン
良い景色だなぁ〜…

していきたいのか」を漫画で伝えると、人は読んでくれます。そして拮抗している同業者と差別化を図れるうえに、初めて会うクライアントに親しみを持ってもらえたりもします。

僕も2012年にフリーランス10周年記念に『トコノクボ』というエッセイ漫画を描きました。「この漫画を読んであなたに仕事を頼みたいと思った」と言ってくださった新規クライアントは両手で数え切れません。**漫画で自己開示するのはとても有効な手段**だと実感しています。

『トコノクボ　～くじけない心の描き方～』 マイナビ出版

ただ注意したいのは、有効なのは「自己開示」であって「自己顕示」ではないということです。「俺ってスゴいやつなんだぞ！」と言いたい意識が透けすぎるエッセイ漫画は、逆効果となるのでご注意ください。自分がスゴいかどうかは自分が決めることではなく、あくまで人が判断することなのです。

フリーランスを目指す人へアドバイス

フリーランスとしてやっていくうえで大事なことをクライアントの立場で考えてみると、究極的に重要なのはこの3つじゃないかなと思います。

❶ 頼みやすいか　❷ 使いやすいか　❸ 安心できるか

「❶頼みやすいか」は、人柄にかかっています。人柄がいいというのはそんなにハードルの高いことではなく、せめてクライアントには**人となりを信じてもらえるようにする**ということです。たとえば取引先の人が仕事上のミスをしたときに、くどくど相手を責めたりネット上に愚痴を書くというのは最悪な対処法です。むしろ相手が新人だったりしたら、励ましてあげるくらいの気持ちを持つといいと思います。感情にまかせて怒りをぶつけないこと。**何かでモメても、最後はお互い「ありがとうございました！」と笑って言いあえる関係を築くのが大事**です。

「❷使いやすいか」は、**自分の制作物が消費者ニーズに対応できているか**どうかということです。日々の研鑽《けんさん》がモノをいいます。

「❸安心できるか」は、締め切りを守ってくれるか、すぐ風邪を引いたとか腰痛が悪化したとかでスケジュールが遅れないかどうかという点です。一度不安にさせてしまったら信用を取り戻すのは大変です。**相手に与える安心も含めて商品**だと思いたいですね。

特典PDFではインタビューのノーカット版を掲載しています。

教えて先輩！ 1

色々な職種のフリーランスの
先輩にインタビューしました。

イラストレーター
榎本 よしたか さん

職　業	イラストレーター・法廷画家・漫画家
フリーランス歴	17年
前　職	家具デザイナー（7年7カ月7日）
主な仕事内容	主に書籍や広告、テレビ番組用にイラスト制作。報道・情報番組用に法廷画を描くこともあるので法廷画家とも名乗っている

仕事をするときにこころがけていること

クライアントから依頼を受けて目的を理解し、その目的に適ったイラストを制作して納品し、クライアントに満足してもらう。その満足に対する報酬を得て生計を立てるのが、フリーランスイラストレーターの仕事です。**満足が得られなかったら報酬もない**と考えていいと思っています。

若い頃は「こんなに時間をかけて描いたのに修正が来た」「なかなかＯＫがもらえないからこの仕事は赤字だ」なんて思ったりもしましたが、作画のためにかけた時間なんてクライアントからすれば全く関係ないんですね。**クライアントに満足してもらえるまで努力するのがプロ**です。もっといえばその先にいる消費者、エンドユーザーのことまで考えてクライアントの満足を得るのがプロなのだから、「修正が来たからと愚痴るのは筋が違うな」と思い直すようになりました。もちろん、当初の目的を先方が変えてきたために発生した修正は修正費用などの交渉をしますが、**まずは相手が何を欲しがっているか、相手の目的は何かを正確に把握することが大切**だと、経験から学びました。

わたしの営業方法

Web サイトのプロフィールページに、**自身を主人公にしたエッセイ漫画**を載せるのはかなり有効な営業手段です。たまにプロフィールページにテキストのみで学歴や受賞歴をずら～っと並べるだけの人がいますが、ハッキリ言ってそれだけではほとんど何も伝わりません。というか、そんなに文字だけ並べられても人は読みません。

せっかく絵が描けるのだから「**自分は何者で、どういう経緯を経て今があり、今後どう**

Column 1

新卒フリーランス VS 転職フリーランス

ー強いのはどっち？ー

近年、大学卒業後に就職せずにそのままフリーランスとして活動を始める人が増加しており、彼らのことを表す「新卒フリーランス」という言葉が定着しつつあります。大学生から「新卒フリーランスになるか、あるいは一度就職をしてからフリーランスになろうか迷っています」という相談を受けることが多いので、ここでそれぞれの長所と短所について考えてみたいと思います。

新卒フリーランスの強みは、何といっても若さゆえのパワーや勢いでしょう。社会人経験がないぶん、常識にとらわれない独創的なビジネスを展開する人が多い印象です。その反面、大きな企業などとの信頼関係を築きにくいというハンデもあります。

また、当然ながら新卒フリーランスは会社員経験などを通してスキルを身につけるチャンスがありません。新卒フリーランスを目指す大学生は、卒業までにフリーランスとして新卒以上に稼げる状態になることを目標に、在学中からストイックに実務レベルのスキルを習得したり、発信活動などをしておくといいでしょう。

一方、転職フリーランスの良いところは、会社員経験を通してスキルやビジネスマナーを習得でき、さらに貯金も蓄えたうえでフリーランスになれるということです。また、会社での専門分野を活かして独立する場合は、クライアントとのコネクションを引き継げる場合もあります。

どちらのほうが有利かは職種にもよるので、よく見極めていきましょう。

2時限目
フリーランスの働き方を理解しよう

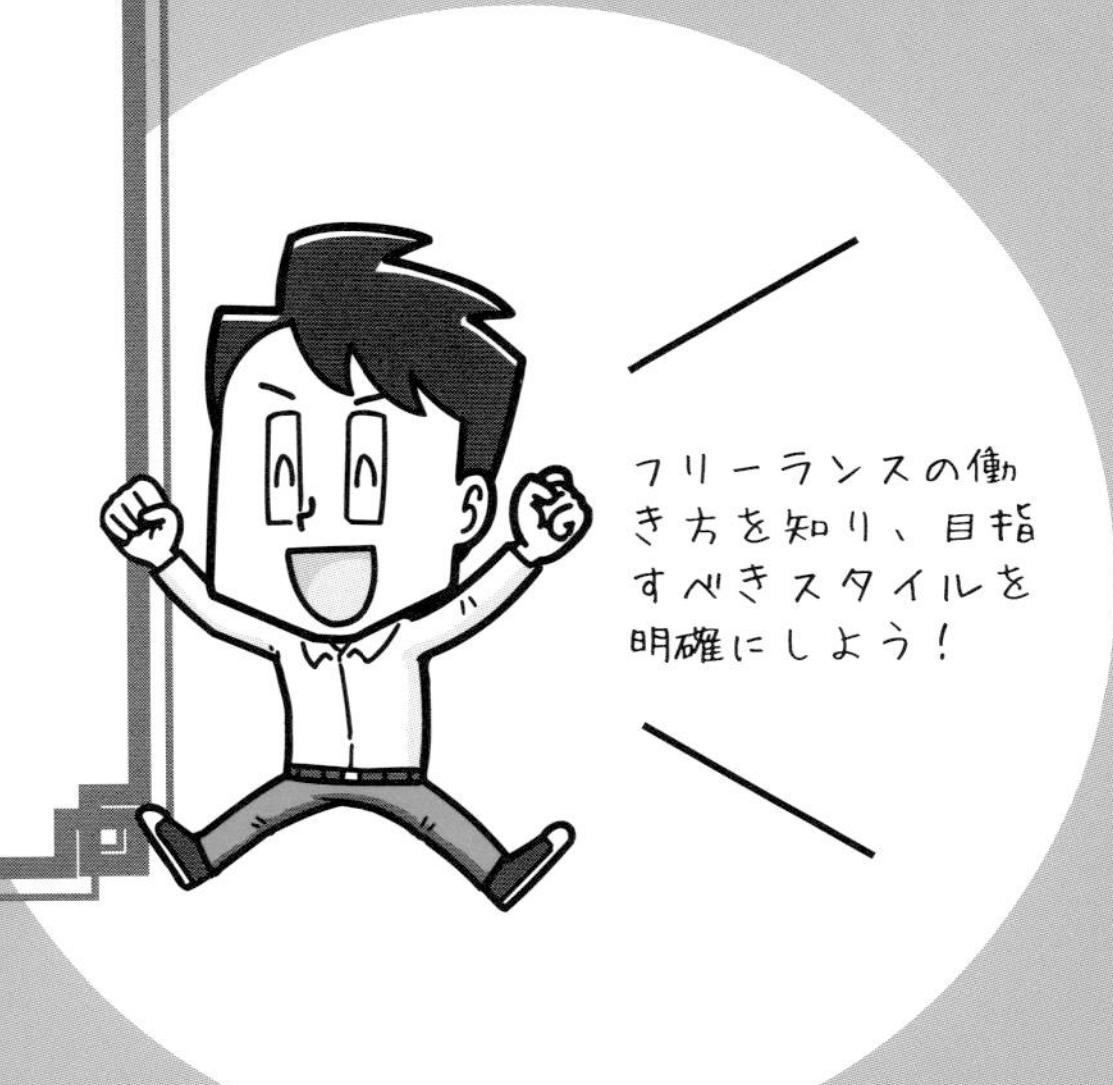
フリーランスの働き方を知り、目指すべきスタイルを明確にしよう！

01 どんなフリーランスになりたいか考えてみよう

1 「フリーランス」って、具体的にどんな仕事があるの？

一口に「フリーランス」といっても、そこには多種多様な職種があります。

❶クリエイター系　イラストレーター・漫画家・デザイナー
❷文筆系　ライター・翻訳者・編集者・校正者・コピーライター
❸技術系　プログラマー・Webデベロッパー
❹芸能系　俳優・モデル・アイドル・ミュージシャン・ユーチューバー
❺その他　弁護士・税理士・秘書・コンサルタント

ほかにもたくさんの職種がありますが、ここでは代表的なものの一部を挙げてみました。

本書では主に「❶クリエイター系」の例を中心にお話ししていますが、フリーランスの働き方という意味ではほかの職種にも共通する要素ばかりです。取り扱う商品を自分の専門分野（ライターなら文章、デザイナーならデザイン、ミュージシャンなら音楽）に置き換えながら読んでみてください。

「この話は自分が目指す職種に置き換えるとどうなるかな？」と考えることは、マーケットを見抜く力を養ってくれるはずです。

2 「アーティスト」と「職人」の違い

「何かを表現する仕事をしたい」と思うなら、「アーティスト」と「職人」の違いについて知っておく必要があります。

❶ アーティストタイプ

「アーティスト」の定義はいろいろ解釈できますが、「**表現者自身が抱く理想や思想を独自の方法論を使って表現する人**」とここでは定義します。

● 色々なフリーランスの例

❶ クリエイター系
❷ 文筆系
❸ 技術系
❹ 芸能系

❷ 職人タイプ

職人の定義も色々ですが、ここでは「**自分の専門スキル（職能）を活かして、他人が必要としているものを形にすることを仕事にする人**」と定義します。

この両者の違いは、「文章を書く仕事」を例にすると理解しやすいと思います。

❶ アーティスト ⇓ 作家や詩人
❷ 職人 ⇓ ライターや翻訳者

漠然と「文章で表現する仕事」と、ひとくくりにしてしまいがちな職種です。ところがこうして分類してみると、**表現のために使用する手段がたまたま同じなだけで、その内容はまったく違う**ということが分かると思います。

これを「絵を描く仕事」に置き換えると……

❶ アーティスト ⇓ 画家
❷ 職人 ⇓ イラストレーター

また、「音楽を奏でる仕事」に置き換えると……

❶ アーティスト ⇓ 歌手
❷ 職人 ⇓ スタジオミュージシャン、バックバンド

表現を仕事にしている人でもこの違いが曖昧なままのケースも多く、その曖昧さゆえに仕事にストレスを感じてしまうこともあります。表現者として仕事をしたいならこの違いを理解し、**自分がどちらを目指したいのかをなるべく早い段階で明確にしておく**といいでしょう。

なお、本書は「職人」寄りの立場で進めていきます。個性やセンスなどの独自の資質によるところが大きい「アーティスト」に対して、**メソッドに則って一定以上のスキルを身につけることでなれる「職人」は、その法則を体系的に説明しやすく、再現性が高い**からです。そして何より私自身が、職人寄りのフリーランサーだからでもあります。

● アーティストと職人の違い

アーティスト		職人
アート（表現者自身の理想・思想を独自の方法論を使って表現して発信すること）を表現する人	① 定義	自分の表現的専門スキルで、他人が必要としているものを形にすることを仕事にする人
①の表現を具現化することができれば、スキルの種類やレベルは問われない	② 必要なスキル	専門分野の高度なスキルや知識に加えて、業界のトレンドにもアンテナを張る必要がある
自分のセンスありきで、市場のニーズやトレンドに合うかどうかは運次第なので、ひとにぎりの人しかなれない	③ なりやすさ	市場で必要とされているスキルやトレンドを持ち顧客の期待に応えられればなれるので、誰にでも可能性はある

3 「好きなこと」より「得意なこと」を仕事にしよう

最近、「好きなことを仕事に」というフレーズをよく耳にします。しかし、私が多くのフリーランスを見てきて分かったことは、**成功している人の多くは「好きなこと」よりも「得意なこと」を仕事にしている**ということです。

これはある意味で当然です。なぜなら、「好きかどうか」が主観的な基準なのに対して、**「得意かどうか」は第三者からの相対的な評価による基準**だからです。すでに評価されていることを商品にしたビジネスならば、うまくいく可能性も当然高いですよね。

いまひとつピンとこない人は、自分が仕事を依頼する側に立ったときのことを想像してみてください。たとえばあなたがレストランのオーナーで、料理人のスタッフを探しているとしましょう。「私は料理が好きです」というAさんと、「私は料理が得意です」というBさんがいたら、Bさんを雇いたいと考えるのではないでしょうか。

● AさんとBさん、どちらを雇いたい？

「得意なこと」の見つけ方

しかしここまで頭で分かっていても、意外とこの2つを自覚するのは簡単ではありません。多くの人が、好きなことを得意なことだと思い込んでいたり、得意なことを自覚できないまま宝の持ち腐れになってしまったりします。

では、自分の「得意なこと」を見つけるにはどうしたらいいのでしょうか？ まずは、次の2つの要素を満たしているものを探してみてください。

❶ よく他人に褒められること

人は得てして、得意なことほど自然にやってしまっています。そして、それが特別なことだと認識していないものです。ですから、「よく他人に褒められることは何だろう？」と改めて思い巡らせることで、自分が本当に得意なことが認識しやすくなります。

❷ やっていて苦ではないこと

これは、「**誰に強要されなくても自然に・自発的にやってしまうこと**」と言い換えることもできます。仕事ともなると、趣味ではないので**毎日のように長時間関わる**ことになります。その状況下でも楽しく仕事を続けるためには、この条件をクリアしている必要があるのです。

それって本当に「好きなこと」？

「それでも自分はどうしても、得意なことより好きなことを仕事にしたい」と思う人もいるかもしれません。もちろんそれでも良いのですが、**「好きなこと」より「得意なこと」のほうが、実は本当に好きであることが多い**です。なぜなら、自分が「これが好きだ」と思うことは、流行やトレンド、あるいはたまたま知ったものへの憧れなどの外的要因や偶然性の影響が大きいからです。

たとえば20〜30年ほど前は、一攫千金を夢見る若者の多くはバンドを組んで音楽活動をしたものでした。今はそういう若者は大幅に減り、そのかわりにYouTuberなどが人気になっています。しかしいつの時代も本当に強いのは、そのトレンドを追ってバンドやYouTube投稿をする人ではなく、**トレンドに関係なく純粋に自分の得意分野として音楽や動画撮影をし続けてきた人たち**なのです。

ビジネスの世界には、あえてトレンドに逆らう戦略を指す「逆張り」という言葉がありますが、こうして世間のトレンドに左右されずに、自他ともに認める「得意なこと」を追求することこそが、フリーランスのビジネスにおける「逆張り」といえます。長期的に自分のビジネスを維持していくためには、消費者として流行に踊らされるのではなく、**もっと大きな視野でマーケット全体にアンテナを張り、自分の得意なことを必要としてくれる人を見つけることが大事**なのです。

Column 2

「好きなこと」より「得意なこと」
ー「高田ゲンキ」の場合ー

58 頁では、「好きなこと」より「得意なこと」とを仕事にしようというお話をしました。ここでは私の例をお話ししたいと思います。

私はイラストレーター・漫画家として現在（42 歳）生計を立てていますが、25 歳までは音楽でプロになろうと精力的にバンド活動をしていました。それ以前から絵（マンガやイラスト）も得意ではあったものの、「自分は絵より音楽のほうが好き！　だから絶対音楽のほうが向いてるんだ！」と信じ、音楽にすべてを捧げる生活をしていたのです。この音楽活動は、今思うと苦難の道そのものでした。

それでも本当に音楽が好きだったので必死で頑張ったところ、バンドはそれなりに認められ、メジャーデビュー目前というところまでいきました。しかし、結局レコード会社との方向性の違いなどでうまくいかずバンドは解散し、私は音楽活動を挫折しました。

その後、2 年の会社員生活を経てフリーランスイラストレーターとして独立します。こちらはウソのように上手くいきました。自分としてはずっと「絵より音楽のほうが得意」と思っていただけに、狐につままれたような気分でした。でもよくよく考えてみると、幼少の頃から他人に褒められるのは、圧倒的に音楽より絵だったのです。

本当に得意なものほど自覚しづらく、自分で客観的に自分の得意分野を見極めるのは意外と難しいので、こうして他者からの意見に耳を傾けることが大事なのだと悟った出来事でした。

「好きなこと」だと、本当に得意なことを見誤るので ➡ 客観的な評価に耳を傾けて「得意なこと」を見つけよう！

02 志望職種を決めよう

フリーランスになりたいなら、**どんな職種を専門にしていくか**を決める必要があります。すでに「自分はイラストレーターになりたい」「プログラマーになりたい」と志望職種がはっきりしているあなたは、このセクションは飛ばしても大丈夫です。

1 「なぜフリーランスになりたいのか」、もう一度考えてみよう

「具体的にどんな職種を目指すべきか、そしてそのためには何をすればいいのかがよく分からない……」という人は、情報収集する前に**「なぜ、自分はフリーランスになりたいのか？」という自分の動機を探る**ところから始めましょう。

たとえば「好きな／得意な○○を仕事にしたい」とか「たくさん稼ぎたい」「有名になりたい／目立ちたい」「場所に縛られずに働きたい」など、何でもいいので素直な願望をリストアップしてみてください。

また「〜したい」だけではなく、**「〜したくない」という理由も大事**です（「満員電車に乗りたくないから」「なるべく人と関わりたくないから」など）。フリーランスにはたくさんの職種があり、職種やスタイルによっては通勤が必要だったり、会社員以上にたくさんの人と関わる必要があるものもあります。

最初にこうした自分のビジョンを明確にしておくことで、職種を絞りこんでいく作業を効率化できます。

2 まずはたくさんの職種を知ろう

志望職種を決めるうえで最も大事なことは、**なるべくたくさんの職種を知ること**です。なぜなら、世の中に存在している職種の多くが詳しくは知られておらず、多くのフリーランス志望者がいわゆる超有名職種（イラストレーター、カメラマン、ライターなど）を安易に志してしまうからです。

多くの人の目に触れる仕事だけがすべてではありませんし、目立っている人が多く稼げているとも限りません。自分の得意なことが最大限活かせる職種は何か、よく調べてみましょう。

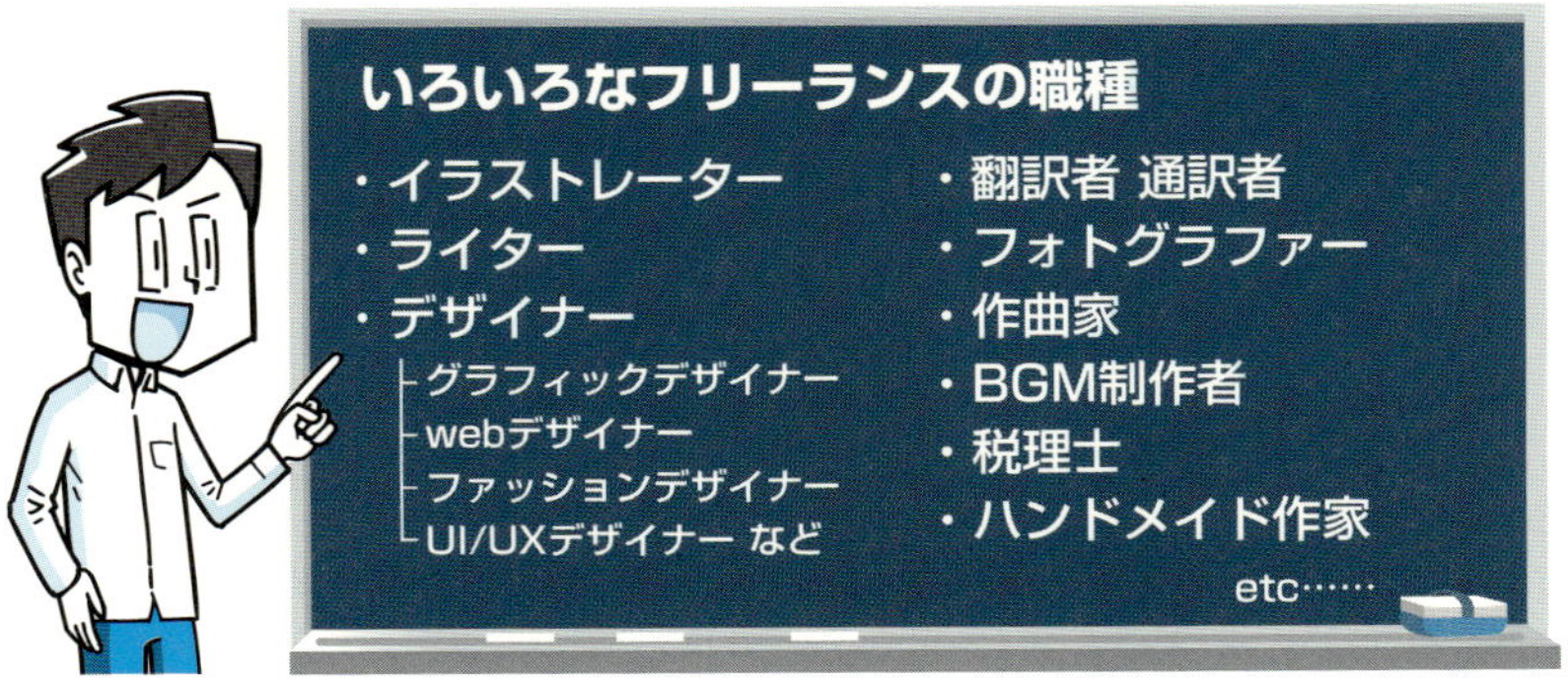
いろいろなフリーランスの職種
・イラストレーター
・ライター
・デザイナー
グラフィックデザイナー
webデザイナー
ファッションデザイナー
UI/UXデザイナー など
・翻訳者 通訳者
・フォトグラファー
・作曲家
・BGM制作者
・税理士
・ハンドメイド作家
etc……

職種の調べ方

インターネットで「フリーランス　職種　〇〇（「イラスト」や「デザイン」など、自分が得意としている分野）」と検索するだけでも、色々な職種を知ることができます。

ただし近年は、純粋に情報提供をしているサイトだけでなく、**偏った情報を与えて不安を煽ったうえで情報商材やスクールへの勧誘に誘導する悪質なサイト**も非常に増えています。そうしたものに惑わされないよう、十分注意して情報収集をしてください。

3 志望職種を絞ろう

たとえば絵が得意な人なら、志望職種の候補として「イラストレーター」「漫画家」「画家」「デザイナー」……などなど複数挙げることができます。どれを選ぶべきかは個人個人の適性によって異なります。

志望職種の絞り方に正解はありませんが、ひとつの例として左ページのフローチャートを作ってみました。

漠然と志望するだけでなく、**具体的な職種を想定して考えてみる**ことが大切です。そのためのスキルレベルをが十分なのかどうか、十分でない場合はその獲得が時間的・経済的に現実可能かどうか……、ひとつずつ精査してみましょう。

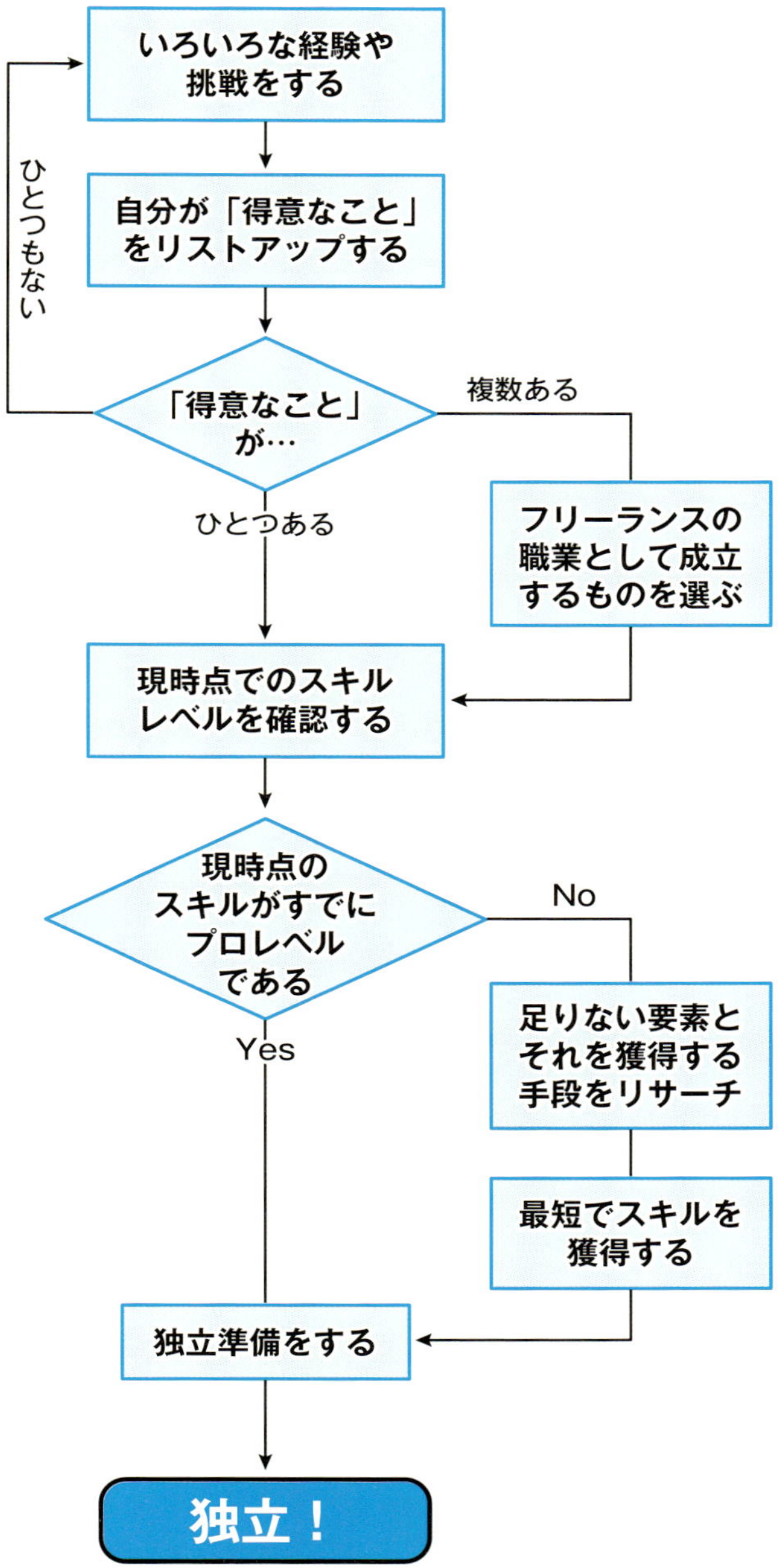

4 職種・業界についてのリサーチをしよう

志望職種を絞り込んだら、その職種・業界についてのリサーチをしましょう。

❶その業界でフリーランスとして活躍している人は誰か
❷その業界でフリーランスをしている人は一般的にどのようにしてプロになるか
❸❷の一般的な方法以外にイレギュラーな道もあるか
❹その業界のフリーランスたちはどのように稼いでいるか
❺その業界で一般的に使われているツールは何か

これらのことを調べていくなかで、その分野においてプロとして求められる成果物のクオリティや、スキルの身につけ方を知ることができます。**自分のスキル習得や独立準備を逆算して、独立を効率的に進めるための道しるべ**です。

では具体的にどのようにリサーチすればいいかというと、こればかりは特別な近道はなく、**インターネット検索や本の情報を追う**のが一般的でしょう。目標とするフリーランサーのＳＮＳやブログのチェックも必須です。私は憧れのイラストレーターの特集やインタビューが掲載されている雑誌をすべて調べてバックナンバーを注文したりして、とにかく情報を集めたものでした。

どうしても分からないことは、**思い切って本人にメールなどで聞いてみる**という手もあります。ただ、相手はすでに活躍されている忙しいフリーランサーの先輩なので、前提としてあまり気軽に使うべき手段ではありません。ダメ元で、返信がなくても仕方ない（むしろないほうが当然）と考えるようにしましょう。

わたしの営業方法

「まずは自分にできることなら何でも受ける！　来たお話は断らない！」と決めました。そのうえで、会社以外の活動を通して知り合った方に退職することを伝えました。不安であることも含めて正直な気持ちを吐露したせいか、知り合いのIT系企業からマネジメントのオファーがあり、前職の有休消化期間のうちから1年半ほど続く案件を担当させてもらうことができました。

駆け出しのフリーランスライターが媒体側から理想の依頼をもらえることは少ないので、そういう時期は**自分から提案できることや、色々な分野の執筆に柔軟に応えられる応用力**が身を助けます。私も、本来は食や暮らしに関する発信をしたかったのですが、独立直後は当然そのような内容の執筆依頼はありませんでした。懇意にしていただいていたIT企業からのチームメンバーとしての管理担当のお仕事（案件単位での契約）や、PRライターとして文章を書く仕事をしながら、**少しずつ自分がやりたい分野での発信や提案をしてその割合を増やしました**。

フリーランスを目指す人へアドバイス

取材相手がいる記事を作る以上は、**一番喜んでもらいたいのはその取材相手**だと捉えることをおすすめしたいです。これは、ある先輩ライターさんから「原稿は取材先へのラブレターであるべし」と教わったことでもあります。「この記事を一番喜んでもらいたいのは誰か？」と考えると、やはりお話を聞いた方のお顔が思い浮かぶんです。そのため、公開前に原稿内容をチェックいただく際はできる限り率直な意見や感想をもらえるように気をつけています。

また、たくさんの情報が無数に発信される時代であるからこそ、**ただ多く読まれればいいというわけではない**と思っています。より多くの人の目に触れただけが記事の価値ではなく、たとえたった1人だけにしか届かないとしても、原稿に込めたメッセージが真意のまま伝わり、受け手にとって何かしらのインパクトにできたならそれこそが大成功だと思うのです。

ライターという仕事は誰かの哲学に触れる機会が多いので、自分自身を無限に成長させてくれます。「**成長し続ける自分が、人や社会のためになる情報を発信する**」、この循環に魅せられたひとりとして、この楽しさに共感してくれる人が増えることは素直に嬉しいことです。

特典PDFではインタビューのノーカット版を掲載しています。

教えて先輩！ ②

色々な職種のフリーランスの
先輩にインタビューしました。

ライター
やなぎさわ まどか さん

職　業	ライター・編集・通訳翻訳マネジメント
フリーランス歴	5年
前　職	コンサルタント企業でプロジェクトマネージャー（約7年）
主な仕事内容	・ライター　・編集 ・通訳翻訳マネジメント

仕事をするときにこころがけていること

メディア業界や、得意としている健康関連の最新情報には常に意識を向けています。自分だけでは追いつけないことも多いので、新しいツールなども可能な範囲で使ってみるようにしたり、使った人の感想を注意深く聞いたりします。また、**クライアントからのフィードバックも、なるべく気づいたことは聞かせていただけるように都度お伺いしています。**

また、ライターとして書いた記事が公開されたり発売されたら、必ずSNSでお知らせしています。ライターの中には「原稿を納品して校了したらもう自分には関係ない」と割り切る人も多いですが、私は自分個人の興味関心ごとと仕事内容が大きくかぶることが多いので、本心から「この記事の内容すごくいいよ！」と伝えたくなるんです。むしろ情報解禁が待ち遠しいときもあります。

取材中も私自身の好奇心が満たされるので、自分が一番楽しんでいると最近気がつきました。取材を終えるとその興奮を素直にSNSに投稿したりもします。実質上のティーザー告知（※）になりますが、コメントやいいねの数で期待値や関心層を感じることもできるし、あとから記事を書くときのモチベーションにもなります。**クライアントによってはその投稿自体を見て私の記事に期待してくださったり、ほかの媒体へのアピールにつながる**こともあります。

※ティーザー告知：コンテンツの一部を公開前に見せて、オーディエンスの関心を引くスタイルの告知方法

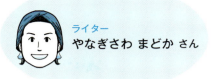

Column 3

たくさんのフリーランサーをリサーチして自分に近い人のビジネスを研究せよ

フリーランスの働き方は本当に多様です。職種も様々ですし、同じ職種でも人によってワークスタイルが全く違います。特に独立前や駆け出しの段階では、なるべく多くのフリーランサーをリサーチして、自分に合ったスタイルを見つけ出しましょう。

最近はツイッターを中心としたSNSやブログなどで多くのフリーランサーが発信をしているので、そういった人たちがどんな仕事をどのようなスタイルでしているかを、比較的簡単に知ることができます。

❶ クライアント（どのような会社と仕事をしているか）
❷ 営業・マーケティング（どのようにその会社から仕事をもらえるようになったか）
❸ ワークスタイル（在宅かオフィスかノマドか／勤務時間やオン・オフ／クライアントと直接取り引きか、エージェントやクラウドソーシング経由かなど）
❹ どのくらい稼いでいるか（正確な額は分からなくても、暮らしぶりや仕事の規模などから想像するなど）

以上のような点を踏まえつつ、なるべくたくさんのサンプルを見ることで、徐々に自分が目指したい（あるいは自分に合った）働き方が見えてくるはずです。

3時限目 フリーランスになるための準備

フリーランスのビジネスに必要なものを理解し、ひとつひとつそろえていきましょう！

01 独立前にしておくべきこと

1 自分に足りない能力を身につけよう

2時限目での職種リサーチを通して、「自分のやるべきこと」「足りないスキルを習得する方法」が見えたら、スキルを身につけるための具体的な行動をしていきます。

具体的なスキル習得方法

職種によって様々ですが、その分野において次のことを調べ、必要な修得要素を明確にしていきましょう。

❶ 学校や講座などに通う必要があるか（あるいは独学でも習得できるのか）
❷ 資格取得の必要はあるか（必要はなくても資格が有利に働くか）

私自身の職種であるイラストレーターを例に挙げて考えてみます。

例❶ 学校や講座などに通う必要があるか

効率的に学べることもあるが、必ずしも学校や講座などに通う必要はない。美大や専門学校を卒業してもプロになれない人も多い一方で、独学でプロになって活躍しているフリーランスイラストレーターも多く、どちらがいいとは一概にいえない。

例❷ 資格取得の必要はあるか

資格は必要ない。業界に関連した資格は存在するが（アドビ認定エキスパートなど）、それが仕事獲得や業界内での評価につながるケースはほとんどない。資格の有無よりも、イラストのクオリティや仕事の実績のほうがはるかに重要視される。

……という感じで、これを職種ごとにリサーチして知る必要があります。そして、なるべく短期間で必要なスキルや条件を満たすようにしましょう。

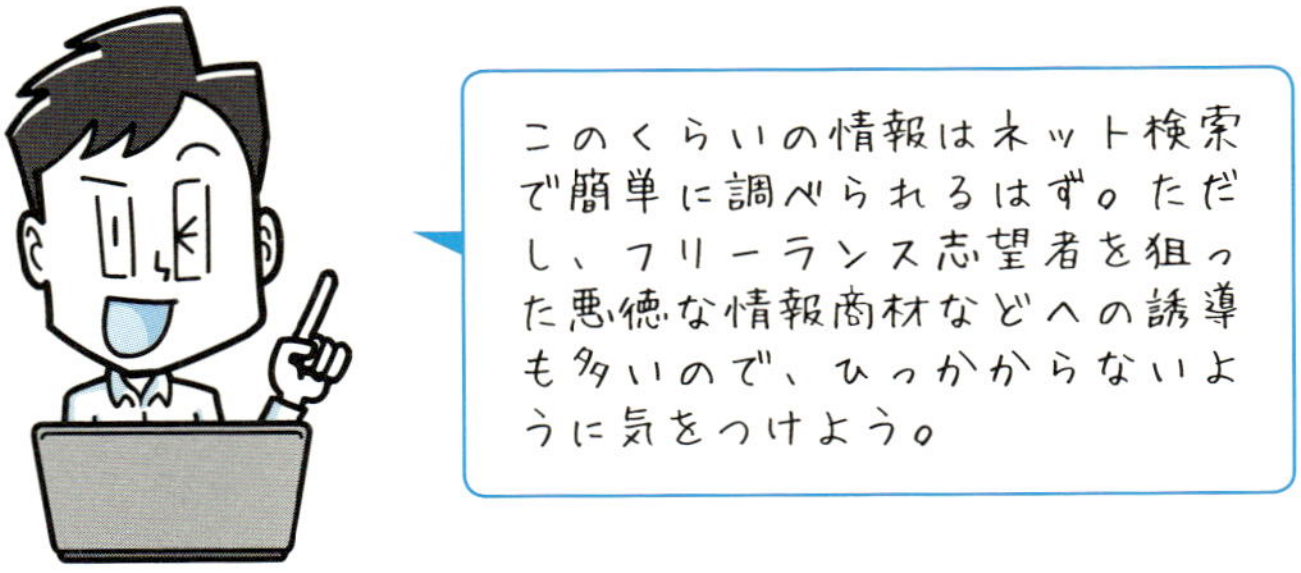
このくらいの情報はネット検索で簡単に調べられるはず。ただし、フリーランス志望者を狙った悪徳な情報商材などへの誘導も多いので、ひっかからないように気をつけよう。

僕はこうしてスキルを身につけた！

Column 4

独立前には貯金をしておこう！

●独立するにあたって、貯金は必要？

貯金は絶対にあったほうが良いです。なぜなら、フリーランスとして独立して最初の数カ月は十分な仕事がなく、したがって当然収入も十分ではないことが一般的だからです。そして、その状況下では貯金を切り崩しての生活を余儀なくされます。

最初から強力なコネがある場合を除いて、**「貯金額」と「フリーランスの助走期間の長さ」は比例します**。そして当然ながら、助走期間が長いほど、その後活動を軌道に乗せることができる可能性は高くなるのです。

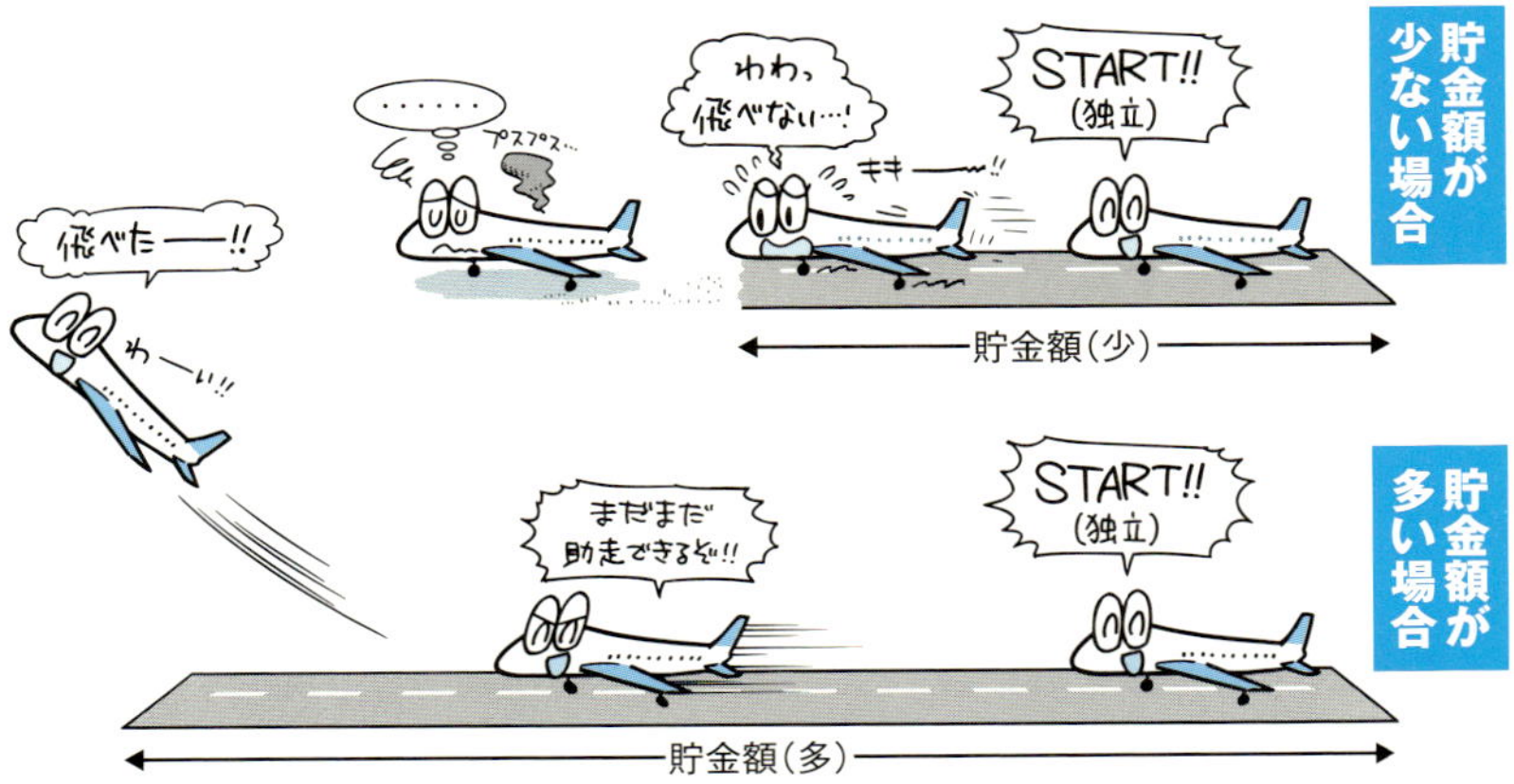

●貯金はいくらくらいあればいい？

これは生活スタイルや住む場所にもよりますし、職種によって機材投資の大小も異なるので、一概には言えません。ただ、経験則的には「**できれば１年間（それが無理ならせめて半年間）無収入でも暮らせる程度の貯金があるのが望ましい**」でしょう。

コネなしで独立した場合、独立直後すぐに営業したとしても、最初の案件が来るのに３～４ヵ月を要することも多いです。そこから１～２ヵ月かけて案件をこなして成果物を納品し、その入金日は請求書送付から２ヵ月後……なんてこともよくあります。つまり順当に事が進んだとしても、**初めての報酬が手に入るのは独立してから半年後、ということも珍しくない**のです。

仕事が軌道に乗るまでの最も金銭的に苦しい時期に備えて、貯金はあるに越したことはありません。

2 作品サンプルを用意しよう

どんな分野も同様ですが、特にクリエイティブ系の職種のスキルは**実際に制作して作品を形にし続けることでしか伸びません**。実践を想定した作品サンプルをどんどん作りましょう。

❶ 時間がかかっても、自分の実力以上のものを作り続けよう

どんな分野においてもある程度共通していますが、イラストを例にしてみます。

> **❶ 簡単なイラストを毎日描く**
> **❷ 何日もかかる壮大な（あるいは緻密な）イラストを何度も描く**

この2つがあるなら、❷のほうが上達度が高いといえます。なぜなら自分の限界以上のイメージを作品に落とし込む作業を続けていると、その限界がどんどん広がっていくからです。❶も無駄ではありませんが、限界内での反復になりがちで、できあがりまでのスピードの向上はあっても技術そのものはそれほど変わりません。ですから、**❷を常に進行させながら❶をできる範囲で続ける**スタイルが理想的です。

まずは**時間はかかってもいいので、自分の限界を超える作品を作る**ことを優先しましょう。そ

ういう挑戦を繰り返すうちにスキルが上がり、制作時間もしだいに短縮されていくはずです。

自分の限界に挑戦した作品は、ゆくゆく営業用のポートフォリオを作る際（124頁参照）に重宝します。

❷ イラスト・デザイン・写真は積極的にストックサイトに登録しよう

日々作成したイラスト・デザイン・写真などの作品サンプルは、可能な限り**ストックフォトサービスのサイトにアップ**していきましょう。

ストックフォトサービスは作品を登録するときに審査があるので、**自分の制作物が商品としての最低限のクオリティをクリアできているかの目安**になります。また、どのようなイラストや写真に需要があるのかという**市場リサーチ**にもなります。

ストックフォトサービスの一番のメリット！

多くのストックフォトサービスでは、**登録作品の数の増加に比例して、ダウンロードによる収益が発生しやすくなります。**ただ

● ストックフォトサービスの仕組み

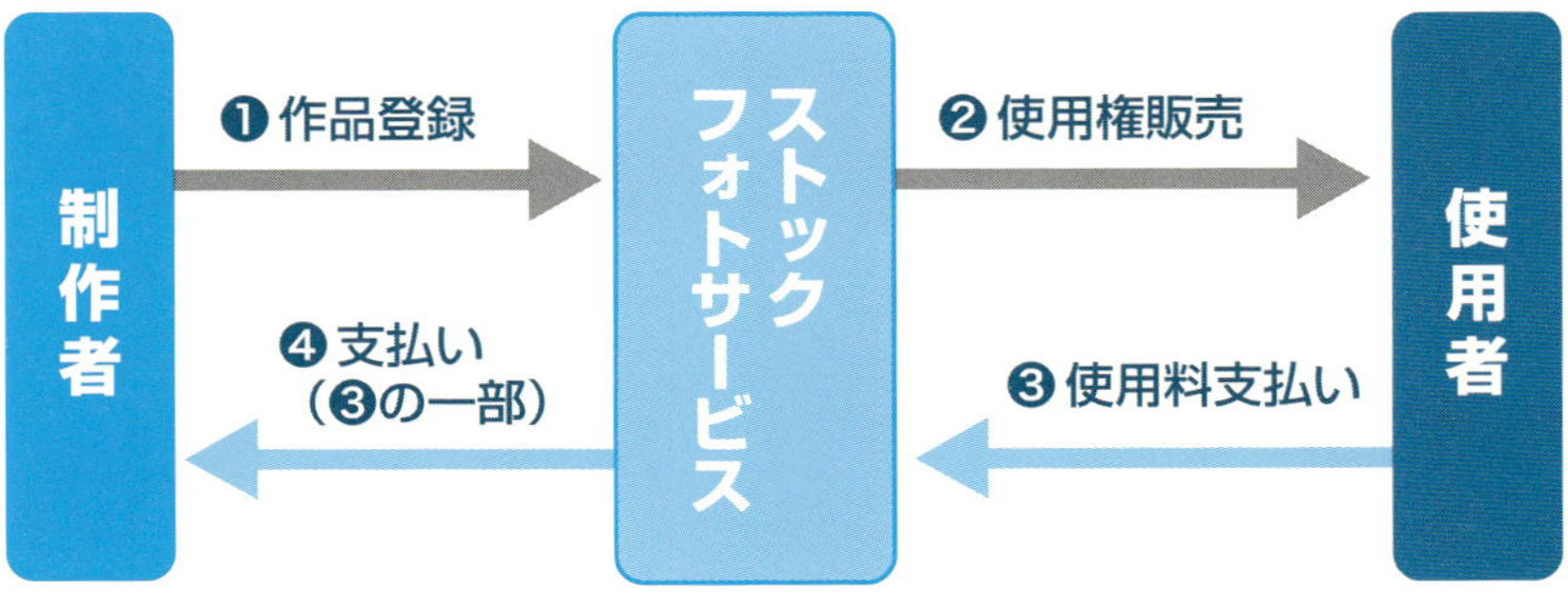

SNSに漫然とアップしていくより、**将来の自分の不労所得になる可能性がそこにあるということは、大きなモチベーションになるはずです。**

【主要なストックフォトサービス】

- **Adobe Stock**
  https://contributor.stock.adobe.com/jp/
- **PIXTA**
  https://pixta.jp/how_to_sell
- **Shutterstock**
  https://submit.shutterstock.com/

ほかにもストックフォトサービスはあるので、自分の作品に合ったサービスを探してみましょう！

Column 5

フリーランス夫婦の育児の味方は「ストック型」案件

やはり育児中は、どうしても実働時間が減少します。収入が目減りすることを懸念するフリーランス夫婦は多く、それを心配するあまり「子どもは欲しいけれど、金銭面が不安だから作らないかもしれない」という話も何度か聞いたことがあるほどです。

そこでおすすめしたいのが、「ストック型」の仕事を増やすことです。

フロー型 (短期戦略向け)	単発の単純労働的な仕事を積み重ねて売上を作るビジネスモデル
ストック型 (長期戦略向け)	蓄積した資産が継続的（半自動的）に売上を出すビジネスモデル

これをフリーランスの仕事に置き換えると、たとえば私のようなイラストレーターの場合は、延々と「一点描いていくら」という仕事だけをするのではなく、次のような案件やメディア運営も意識して増やしていくという作戦です。

- 継続して二次使用料を払ってもらえる案件
- 印税契約を結べる案件
- ストックイラストなど、ダウンロードされるごとにマージンが支払われる案件
- ブログなどで発信をして収益化する

独立から育児開始までの期間中にこれらを意識しておくだけで、いわゆる「不労所得」が入るようになります。よって、育児期間中にフロー型の案件が減少しても、ある程度の補填になるというわけです。

もちろん、そうした契約などは結果的についてくることのほうが多いので、狙って獲得するのは難しいものですが、だからこそ目の前の１つひとつの仕事に真摯に向き合い、クライアントが求める以上のクオリティや結果を出し続けることにこだわりましょう。そうした誠実さは、必ず報われます。

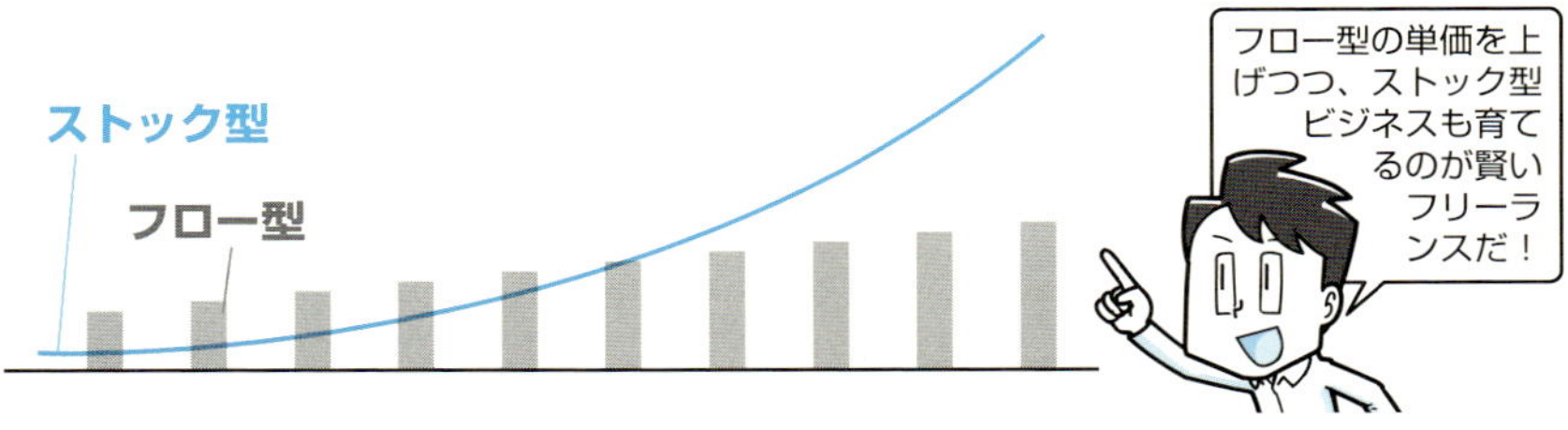

02 税金、保険、年金関連の手続きを知ろう

1 税務署へ届け出す書類

【開業届】

開業届とは、税務署に**個人事業主としての事業を開始したことを申告するための書類**です。提出期限は、**開業から1ヵ月**です。開業届は提出しなくても罰則はありませんが、開業者の義務です。必ず税務署に提出しましょう。

【青色申告承認申請書】

青色申告承認申請書は、**確定申告での青色申告の利用を希望する場合に、税務署に提出する書類**です。提出期限は、**開業から2ヵ月**です。

確定申告には「白色申告」と「青色申告」2種類があります。フリーランスに圧倒的にメリットが大きい「青色申告」を利用するために、事前に税務署に提出しておかなければならない書類です。

2 健康保険

会社員だった人は退職と同時に社会保険が切れるので、**退職後すぐに健康保険に加入**しましょう。

フリーランスの健康保険といえば、国民健康保険が一般的です。ただし国民健康保険は条件によっては保険料が割高になってしまうので、下図を参考に対策を考えるのも一手です。

3 国民年金

フリーランスになる時点で、**自分で国民年金に加入しなければいけません**。それまで会社員だった人

● 国民健康保険が高い場合の対策例

❶ 国保が安い自治体に引っ越す

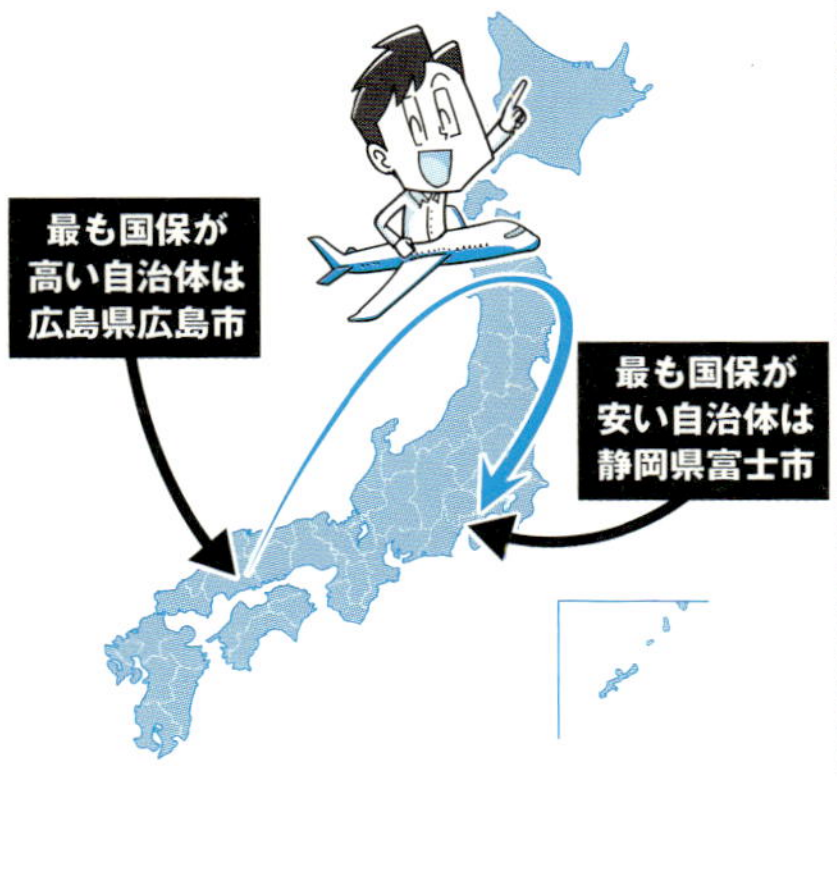
最も国保が
高い自治体は
広島県広島市
最も国保が
安い自治体は
静岡県富士市

❷ 文芸美術国民健康保険組合(文美国保)に加入する

区市町村国保 ➡ 文美国保

文芸美術国民健康保険組合(文美国保)とは、文芸や美術、著作活動に従事していて、組合加盟団体に入っている人とその家族が加入できる国民健康保険制度。条件次第では、国民健康保険より安い。

文美国保加入には組合加盟団体への加入が必要!
イラストレーターなら「日本イラストレーション協会」
コピーライターなら「東京コピーライターズクラブ」
カメラマンなら「日本写真家協会」など64団体

目安として、年収300万円以上の人なら区市町村国保より保険料が安くなる! 詳しくは、文美国保のHPをチェック!
http://www.bunbi.com/

は、厚生年金からの切り替えになります。健康保険と違って、こちらはほかの選択肢はありません。

ただ、会社員の厚生年金と比較して国民年金は受給額が少ないので、その対策として国民年金に加えて国民年金基金に加入するのもひとつの方法です。詳細は国民年金基金のウェブサイトで確認できます。

国民年金基金ウェブサイト　https://npfa.or.jp/

こうした書類の作成や申請は煩雑ですが、自分で処理することによって収支や税金の仕組みなどを理解するきっかけになります。仕事への取り組み方や、社会との関わり方への意識も変わるので、フリーランスとして活動していくための土台だと思って、頑張って乗り越えてください。

● 国民年金と国民年金基金

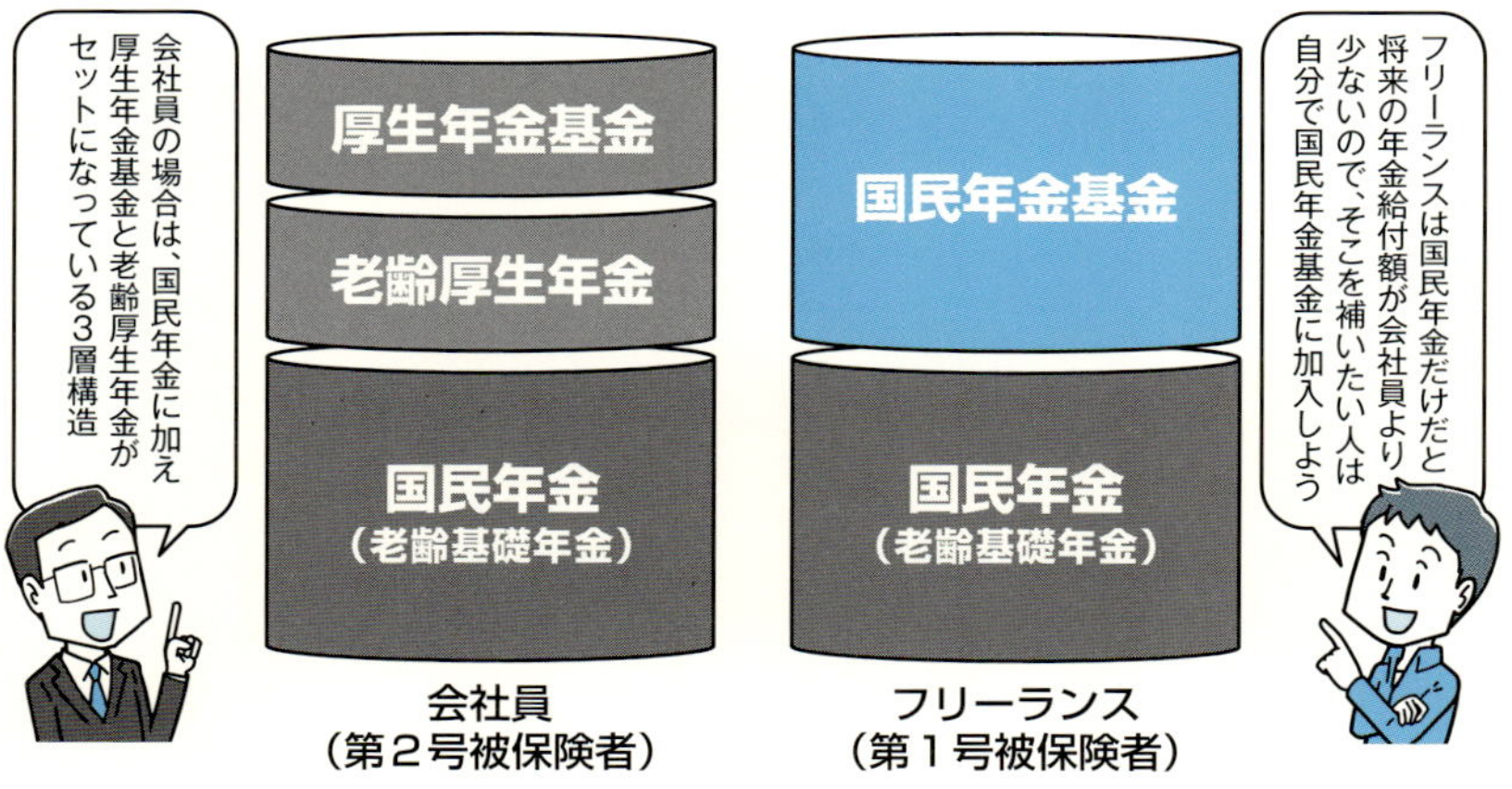

Column 6

フリーランスに屋号は必要？

開業届を税務署に出す際に、屋号（やごう）を登録することができます。屋号とは、フリーランスや個人事業主でも持てる会社名や店舗名のようなものです。屋号をつける主なメリットには、次のようなことがあります。

❶ 個人名より信用を得やすい
❷ 屋号名で事業内容が分かるので、個人名よりアピール力が高い
❸ 屋号名でクレジットカードや銀行口座（ゆうちょ銀行）を開設できる

たとえば「山田太郎」というデザイナーが、本名ではなく「ヤマダデザイン事務所」という名前で仕事をしたい場合、これが屋号となります。開業届に記載して登録します。

私の本名は「髙田元樹」（読みは同じく「たかたげんき」）ですが、仕事のときは表記を「高田ゲンキ」として、これを屋号にしています。屋号は誰にとっても読みやすく、覚えやすい名前をつけることが大事なのです。

注意点としては、屋号はあくまで個人事業主やフリーランスにつけるものなので、「○○会社」「○○銀行」などのような屋号名はつけられません。

また屋号はあとからでも変更でき、２つ以上持つことも可能です。いい屋号が思いつかずに悩んでしまう場合は、暫定の屋号を登録するか屋号なしで開業届を出して、あとから変更するくらいの気持ちでもいいでしょう。開業届の提出が遅れて、活動開始が遅くなるほうが損失です。

なお、屋号は必ずしもつけなくてはならないわけではありません。たとえばイラストレーターは個人名を出して活動する場面が多いため、屋号をつけず本名のまま活動する人が多い傾向にあります。一方で、デザイナーは企業相手の大きな案件を受ける時に個人名だと信用されにくいこともあるので、屋号をつける人が比較的多いです。

- 複数人でチームを組んで仕事をしている場合
- 事業が特殊な場合
- 本名が珍しく読みにくい、または個人特定されやすい場合

などは特に屋号をつけるメリットが高いです。

以上を参考にして屋号をつけるかどうか、またつけるとしたらどのような屋号がいいかを検討してみてください。

03

活動拠点を決めよう

1時限目でも少し触れましたが、**フリーランスは「住む場所」も自分で選ぶことができます**。通常、居住地というのは職場や学校などに縛られるものですが、通勤の必要もなく、インターネットさえあればどこでも仕事ができてしまう職種のフリーランスの場合は、それらにとらわれることがありません。

これは非常に自由でワクワクする反面、拠点を決める手がかりが何もないので戸惑う人もいます。実際、インターネットが発達してフリーランスという働き方が一般的になったのは、ほんの十数年前です。それ以前はこんな状況は成立しなかったので、前例も非常に少ないのです。

そこで、左ページに用意したチャートを使って、拠点検討のシミュレーションをしてみましょう。

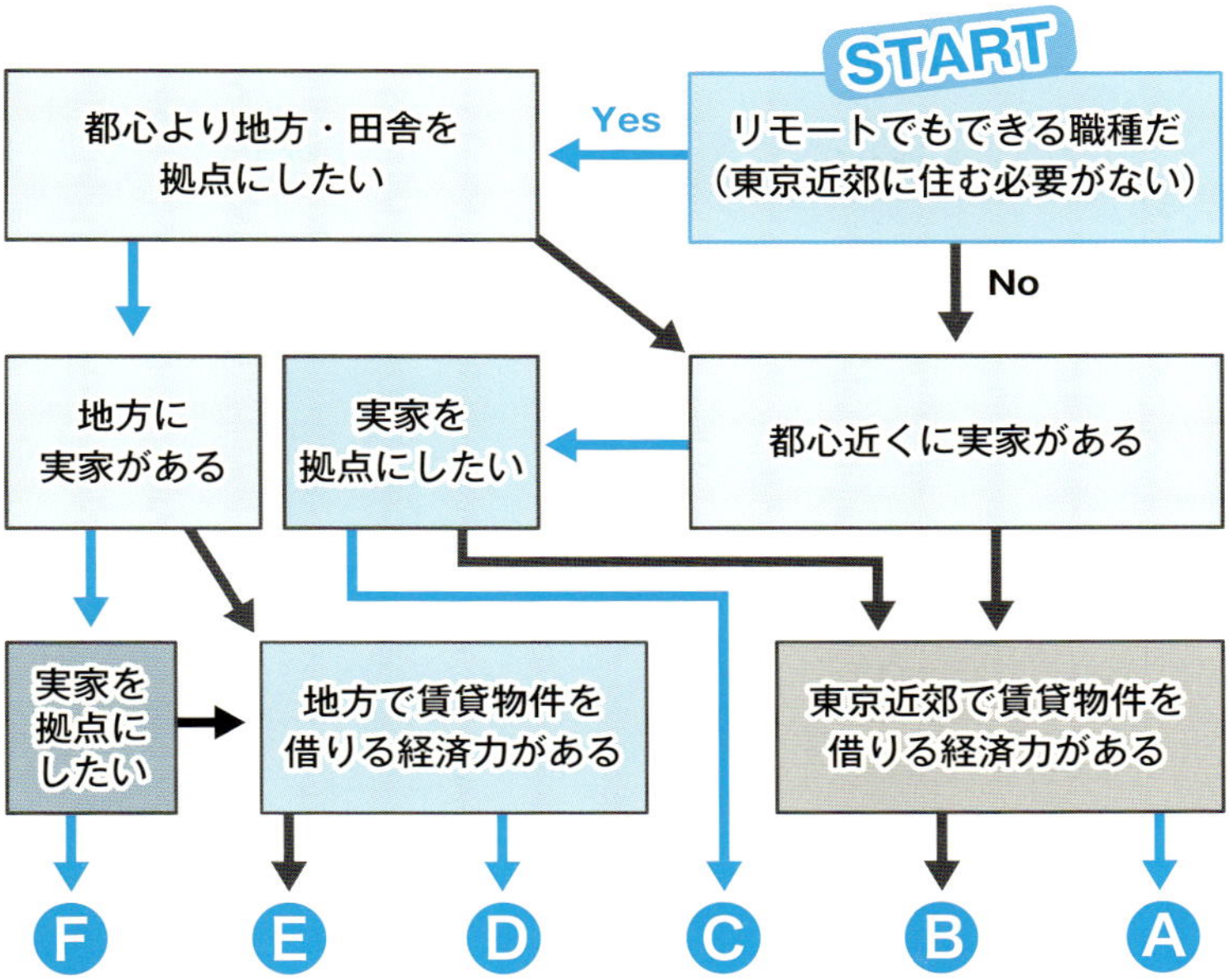

Ⓐ 東京近郊で賃貸（アパートかマンション）を借りる

都心は高いが、23区外に出ればそれなりに安い物件がある。また、東京にそれほど頻繁に出る必要がない場合は、神奈川・千葉・埼玉までエリアを広げればさらに家賃も下げられる。

Ⓑ 東京近郊でシェアハウスに入る

シェアハウスなら家賃が抑えられる。ただし、シェアハウスならではのトラブルもあるのでリサーチはしっかりと。共同生活が苦手な人は独立の延期も検討しよう。

Ⓒ 東京近郊で実家に住む

一時期頼るだけで、駆け出し時の苦労がかなり軽減する。心配かけたくないと思うかもしれないが、頼れる家族がいることはそれだけで財産なので、思い切って相談してみよう。

Ⓓ 地方で賃貸（アパートかマンション）を借りる

地方（東京圏外）ならかなり家賃が下がる。あえて物価の安い地方を拠点に選ぶ人も増えている。フリーランスが多く集まる地方都市などを拠点に選んでみるのも良いだろう。

Ⓔ 地方でシェアハウスに入る

エリアは限られるが、チェックして条件に合いそうだったら検討してみるのもアリ。気の合う入居者に巡り会えればスキルや仕事の情報もシェアできる（ただし、Ⓑ同様注意も必要）。

Ⓕ 地方で実家に住む

駆け出しの稼げない時期を家族に見られるのは心苦しい反面、「早くその状況を脱したい」というモチベーションにもなる。そして実家に頼って経済面で節約ができれば脱しやすくなる。そのようにして成功したフリーランスは筆者の周囲にも多い。

1　チェックポイント❶　リモートワークが可能か

まず、希望する職種がリモート可能かどうかを考えてみましょう。

リモートできない場合

完全リモートが不可能な場合は、業務上必然性のある場所（クライアントと常に対面でミーティングができる東京近郊など）を拠点にする必要があります。

リモートできる場合

一方、リモートが可能な場合は、経済的な条件や家族内の都合などを鑑みて拠点（居住地）を自由に選択することができます。私自身が現在ドイツのベルリンで生活できているのも、この特性を活かしているからです。

配偶者の国内外への転勤に柔軟に対応できるという利点もあり、フリーランス仲間にも家族単位で転々と楽しく暮らしている人が多くいます。

職種によってはリモートで仕事ができない場合もあるよ

2 チェックポイント❷ 都心か地方か

リモート可能な場合、拠点の選択肢は無限にあります。

- **両親や親戚の近くで生活するために地元を拠点にする**
- **利便性を求めて東京都心を拠点にする**
- **ランニングコストを下げるために地方を拠点にする**

かつてはクライアントが多く存在し、同業者とのネットワークも作りやすい東京にフリーランスも集中していました。ところがここ数年は、シェアハウスやコワーキングスペースの増加の影響で、地方のフリーランスコミュニティも活発になってきています。

各々が好きな場所で働けるようになってきている今、都心が必ずしも有利ともいえない状況です。様々なケースを想定して、自分に合うロケーションを見つけましょう。

	メリット	デメリット
東京周辺	❶企業が集中しているので営業しやすい ❷打ち合わせもしやすい ❸イベントなどにも参加しやすい ❹フリーランスも多く同業者とのネットワークも作りやすい	❶物価や家賃が高い ❷広い部屋を借りにくい ❸人口過密で交通が麻痺しやすい ❹自然へのアクセスが悪い
地方	❶物価が安い ❷広い部屋も借りやすい（生活空間と作業スペースを分けられる） ❸環境がいい ❹最近はコワーキングスペースなども増えている	❶企業への直接の営業や、打ち合わせが困難 ❷イベントなどが少ない ❸同業者やフリーランスの仲間を作りにくい

3 チェックポイント③ 住居とオフィスを分けるか

多くの場合、駆け出しのフリーランスは限られた資金でやりくりする必要があるので、在宅で仕事をするケースがほとんどです。ただ次のような条件に限って、独立時から住居とオフィスを分けたほうがいいケースもあります。

- **チームで仕事をする**
- **小さい子どもがいて作業に集中できない**
- **撮影するためのスペースが必要**
- **オフィスで頻繁にミーティングをする必要がある**
- **大型の機材を必要とする**
- **音楽制作などのために防音室を必要とする（この場合はオフィスではなくスタジオ）**

このような場合は、オフィスの維持費も想定しなければいけません。資金が限られている場合はコストを抑えるために地方を拠点にしたり、さしあたっての住居を実家にするなど、対策を講じておきましょう。

僕が自宅で仕事をする理由

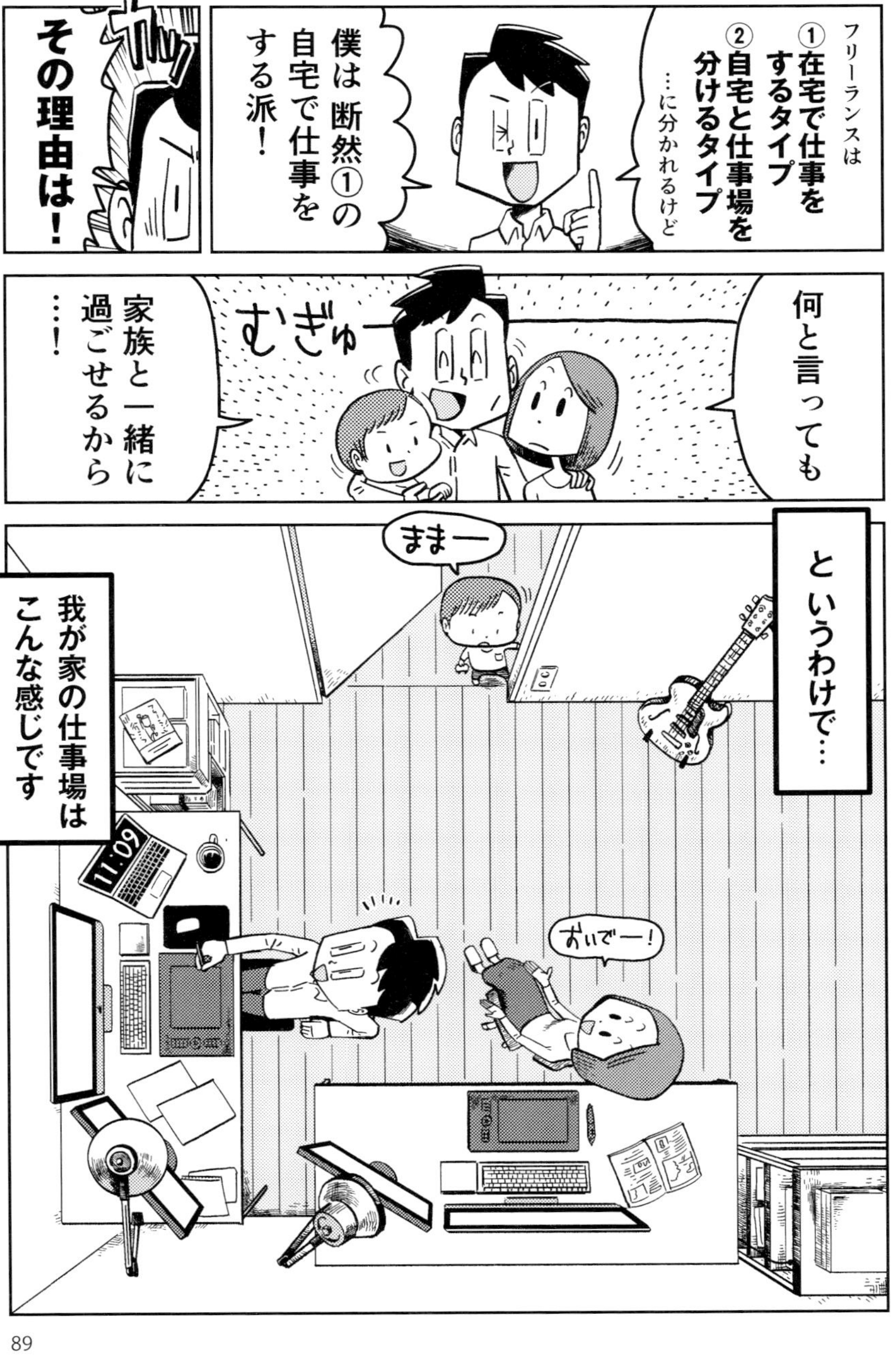

04

作業環境を整えよう

フリーランスになると決めたら、「すぐにでも仕事を獲得するために、自分の商品を作ってどんどん見てもらいたい！」という気持ちが湧いてくると思います。

しかし、その前にやることがあります。それが、**作業環境作り**です。

1 パソコンを買おう

種類がたくさんあって悩むところですが、選ぶポイントは次の3つです。

❶ メーカー／機種
❷ スペック
❸ 値段（予算）

❶メーカー／機種

主にApple社の「Mac」か、Microsoft社のOS「Windows」の2種類からの選択になります。近年はほとんどのアプリケーションがどちらにも対応しています。だからこそ違いがそれほどなく、選ぶのが難しいですよね。

「どうしてもMacがいい！」など強いこだわりや憧れが特にないなら、次のような基準を参考に選んでみましょう。

- **自分が志望する業界で多く使われているもの**
- **外観やUI（OSの画面）のデザインを見て、直感的に「使いたい！」と思えるもの**
- **身近なパソコンのエキスパートが使っているもの**

❷スペック（性能）

スペックは基本的に高ければ高いほど良いので、一番高いものを買えば間違いありません。しかし独立時は得てして物要りで、限られた資金でやりくりする必要がありますよね。ですから、自分の専門性を鑑みて優先すべき要素を明確にし、それに見合ったモデルを選びましょう。

この3つの意味だけは押さえよう！

スペックを判断するには、次の3つの役割を知っておきましょう。

- **CPU（プロセッサ）**
- **メモリ**
- **ストレージ（HDD・SSD）**

この3つは、よく実際の仕事スペースに例えられます。処理速度を速くするには**良いCPU**、たくさんの作業を同時進行するには**たくさんのメモリ**、そして多くのデータをパソコン内に保存しておくには**大きなストレージ**が必要になります。

複数のモデルを比較検討する際は、こうした点を見て用途に合わせて選びましょう（左頁下図参照）。

● CPU、メモリー、ストレージの役割を例えると…

③ 値段（予算）

予算に合わせて最良の投資をするために、「❶メーカー／機種」と「❷スペック（性能）」を見てきました。これらに加えて、パソコンを買うときの予算には、本体（ハードウェア）の価格だけでなく次の要素も検討しておきましょう。

❶ ソフトウェアの価格
❷ 製品保証への加入

特に、MacやiPadなどのアップル製品購入時の有料オプションである「アップルケアプロテクションプラン」は、加入料が安くないので二の足を踏む人も多いです。しかし私はこの保証プランに何度も助けられて加入料以上のメリットがあったので、個人的に強くおすすめしています。

● たとえば、同じMacBookでも…

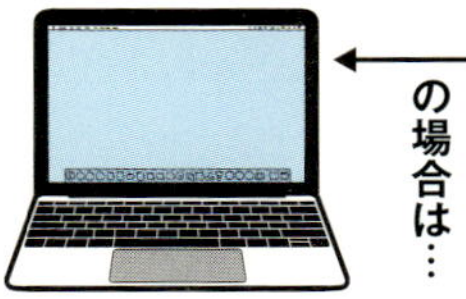

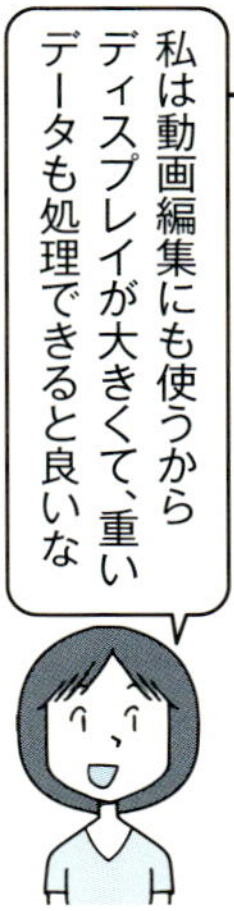

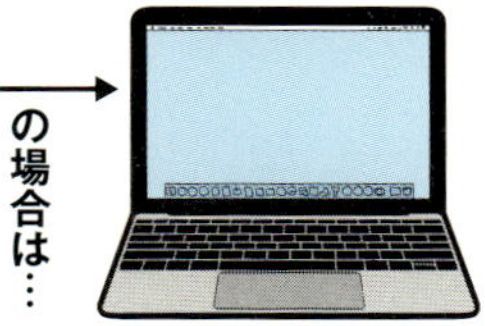

	MacBook	MacBook Pro
CPU	1.2GHzプロセッサ（標準）	2.9GHz 6コアプロセッサ（BTO）
メモリー	8GB（標準）	32GB（BTO）※
ストレージ(SSD)	256GB SSDストレージ（標準） 作業データ等はクラウドや外部HDDも使用	1TB SSDストレージ（BTO） 作業データ等はクラウドや外部HDDも使用
モニタ	12インチ	15インチ

※BTO（Build To Order）＝注文を受けてから カスタマイズして出荷すること。オーダーメイド。

2 銀行口座を作ろう

仕事で使える銀行口座を持っておきましょう。クライアントに発行する請求書に、自分の銀行口座を記載する必要があるからです。これまで利用してきた銀行口座を使うこともできますが、ビジネス用に新たに銀行口座を作ったほうが、あとあとの確定申告などの書類の整理をより効率化できます。

オンラインバンクが便利！

手続きをすれば、どの銀行でもインターネットから口座内容を確認したり振込手続きなどができる、**オンラインバンクのアカウント**が使えるようになります。フリーランスとしての活動が忙しくなるにつれ、銀行手続きも増えます。その都度銀行に直接行くことなく、オンラインバンキングでできるようにしておくとかなりの時間短縮になり、効率化が図れますよ。

3 通信インフラを整備しよう

個人で活動するフリーランスにはインターネットや電話などが必須ですが、費用は工夫次第である程度抑えられます。

まずファックスはこの十数年で使用機会が著しく減ったので、資金が限られている場合は導入を後回しにしてOKです。現在は名刺に固定電話やファックスの番号がなくても、信頼が損なわれることはほぼありません。

またモバイルWi-Fiルーターも進化しているので、データ量無制限のサービスさえ使えば、固定のインターネット回線がなくても大丈夫です。ただしデータ量制限（3日10GBなど事実上の制限）がある場合もあるので、事前に必ずチェックしてください。

おすすめケース

最初は節約のため、モバイルWi-Fiルーターだけを導入するのがおすすめです。あとはスマートフォンとパソコンさえあれば事足りますし、格安SIMを使えばさらに節約ができます。まずは最小単位で導入して、仕事が回り始めてから必要に応じて光回線などの導入を検討してもいいでしょう。

● 通信インフラ設置の例

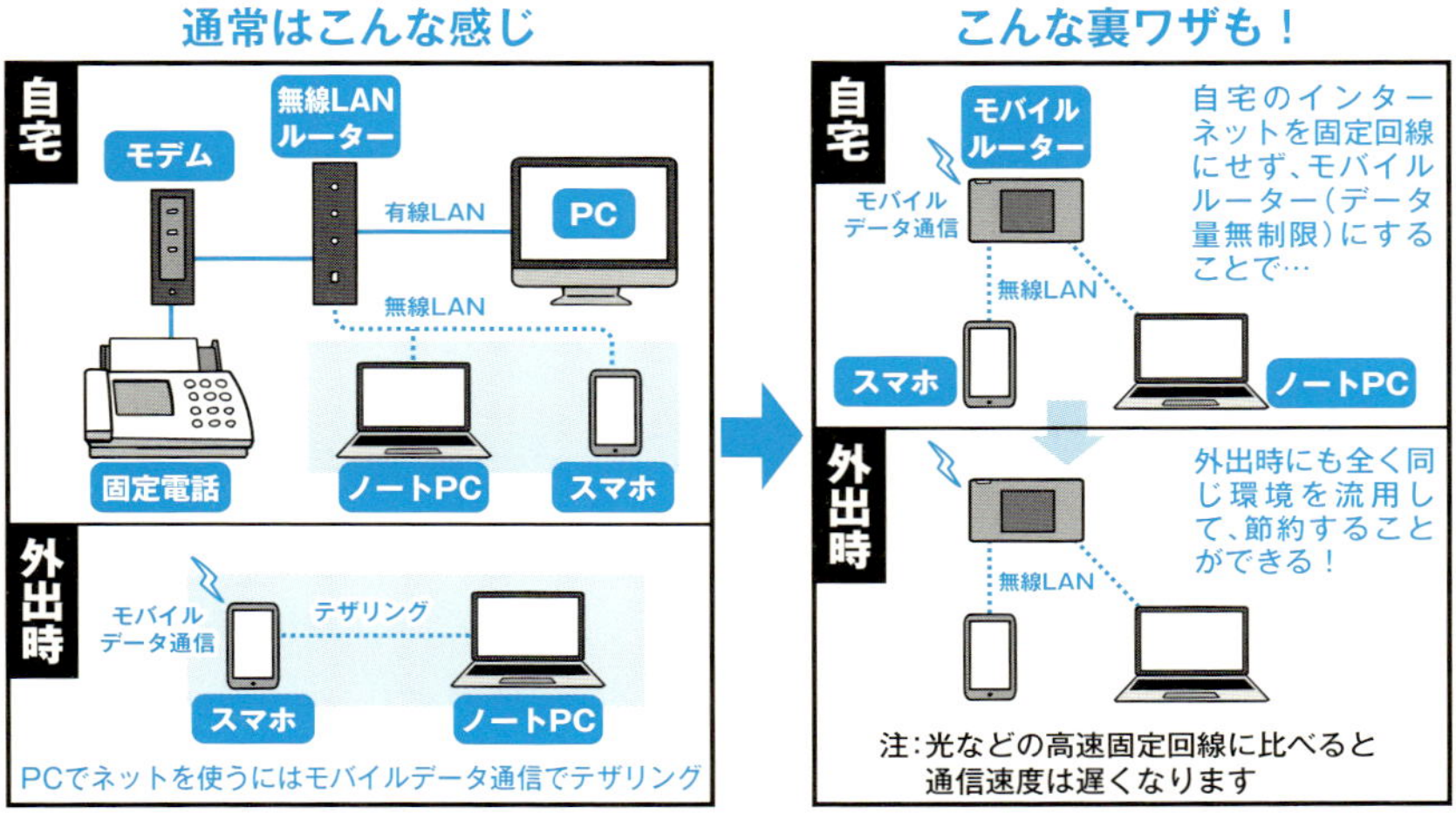
通常はこんな感じ
自宅
モデム
無線LAN ルーター
有線LAN
PC
無線LAN
固定電話
ノートPC
スマホ
外出時
モバイル データ通信
テザリング
スマホ
ノートPC
PCでネットを使うにはモバイルデータ通信でテザリング
こんな裏ワザも！
自宅
モバイル ルーター
モバイル データ通信
自宅のインターネットを固定回線にせず、モバイルルーター（データ量無制限）にすることで…
無線LAN
スマホ
ノートPC
外出時
外出時にも全く同じ環境を流用して、節約することができる！
無線LAN
注：光などの高速固定回線に比べると通信速度は遅くなります

わたしの営業方法

いわゆる一般的な営業が得意ではなかったので、**人との接点を増やす**努力をしました。異業種交流会に参加して顔を覚えてもらい、デザイナーとしてどんな仕事をしているかの話をしたりします。そのように人との接点を増やして、会社の会議などでデザインが必要なときに、僕の存在を思い出してもらうチャンスを増やしました。

そのほかにも地元を紹介するポータルサイトを作ったり（現在は閉鎖）、友人とグラノーラブランドを始め（2014年に開始。現在は妻が運営）、それが注目されてテレビなどでも取り上げられたことで、「自分がデザインを作るとこんなにいいことがあるんだ」ということを、**ビジュアルだけでなく実例で見せられる**ように工夫してきました。

デザイナーが仕事を獲得するには「自分の作ったデザインを見てもらう」⇒「お客さんが気に入ったら仕事をもらえる」という流れがありますが、もっと深く考えると、**お客さんに「この人に依頼をすると得できる」と実感してもらえる仕組みづくりが大事**です。たとえば、前述したようにテレビに紹介してもらうようなデザインを作った実績があれば、別のお客さんにも「人の目を引くようなパッケージデザインをしてもらえるかも」と思ってもらえるわけです。

アドバイス

デザイナーとして必要なスキルをひとつだけ選ぶのなら、もちろん「デザイン力（デジタルスキル含む）」ですが、フリーランスとしてはそれだけではなく「**バランス力**」も必要です。なぜなら「ものすごくデザインが上手いけれど愛想が悪い人」「金額が高い人」「いつもプロジェクトでモメがちな人」とは誰も仕事をしたくないからです。

また、**得意なものが明確なほうがいい**です。僕はデザインはもちろん、発想力やしゃべるのも得意なので、「発想力系デザイナー」として自己紹介をすることもあります。**人それぞれ得意な部分を発揮できるのがフリーランスの良いところ**です。デザイン力以外でもバランスが取れる人は必要とされるし、デザインはある程度でも、愛嬌がある人はチームに入れてもらいやすいと思います。

クリエイターには納期までに素早く仕上げる能力が求められますが、これって実は難しいんです。なぜなら、デザインの仕事には答えがないからです。どこまでクオリティを上げても、提出する直前にもっと良くなる気がしてきます。「締切を守る」という一見当たり前のことができない人が多いのは、そういう理由です。

たしかに時間があればクオリティは高められますが、締切までの時間で区切った範囲が自分の実力と知っておくと、割り切って「ここまで時間をかけたからもう提出してしまおう」と思えるようになります。**デザインには答えがない。だからこそ、時間で区切る。**これもクリエイターに必要なスキルです。

特典PDFではインタビューのノーカット版を掲載しています。

教えて先輩！ 3

色々な職種のフリーランスの
先輩にインタビューしました。

グラフィックデザイナー
ベーコン さん

職　業	グラフィックデザイナー
フリーランス歴	13年
前　職	Webデザイナー（1年）
主な仕事内容	デザイン企画・グラフィックデザイン制作 （そのほかグラノーラ・焼き菓子製造も）

こころがけていること

❶ スキルアップ

まだまだデザインが上手くなりたい、もっと素晴らしいアイデアを出せるようになりたいと思っているので、勉強を続けています。そのモチベーションは、デザインの仕事を始めた頃に感じていた「あんなデザイン作れたらいいな」と同じ気持ちです。

「クリエイターは新しい技術や時代に合わせてずっと勉強し続けないといけないからつらい」とよくいわれます。僕の場合は食べていくための技術はあるので、プラスアルファとして、**自分の好きな・得意なジャンルを伸ばし、その結果自分の中から新しいものが生まれてくる**という、もっと幸せな循環です。

❷ 時代の空気を知る

時代の空気を感じることは大事だと思っています。たとえば 10 代の人の気持ちを 30 代の僕が理解することは難しいですが、「こういう雰囲気のものが流行っているんだ」ということを認識しておくことはできます。**今の時代にあったデザイン、宣伝方法を取ることでしっかりと人に伝えることができる**のです。

❸ 宣伝をする

初心者向けにデザインスキルを紹介するブログを書いています。これは直接的な営業ではないけれど、**自分が勉強してきたことや自分のキャラクター、強みを宣伝しているのと同じ**だと思っています。今まで勉強してきたスキルなどをブログを通じて宣伝してきたことで、ネットで受注するデザイン仕事や講師の仕事、本の執筆など、今まで勉強してきたスキルを新たな仕事に結びつけることができました。

ブログ：「ベーコンさんの世界ブログ」 https://www.baconjapan.com/

いや〜〜〜〜……
フリーランスにはなりたいんですけど
えへへ…
フリーランス志望者Aさん
時間もお金も無くて
いそがしくって…
じゃあ聞くけどね…
週一回ペースとかでお酒飲みに行ったりしてない!?
食事は外食に偏ってない!?
あー、うまい!!
うまいけど高い!!
もぐもぐ
格安SIMとかで通信費を節約してる!?
ゲームは!?
毎日やったりしてない？
SNSは!?
ボーっとながめたりしてない？
じーー
すい〜
すい〜…
洋服も僕より良いの着てるように見えますけど？
くっ
そういう事を自制すればスキル獲得の時間や設備投資のお金は捻出できるかもよ？
た…たしかに…
まだできる事がありますね…
出直してきます ありがとうございました…
スタスタスタ…
がんばれ!!
人並みの娯楽を捨てる覚悟を持たなければ人と違う生き方はできないのである

4時限目 フリーランスになったら

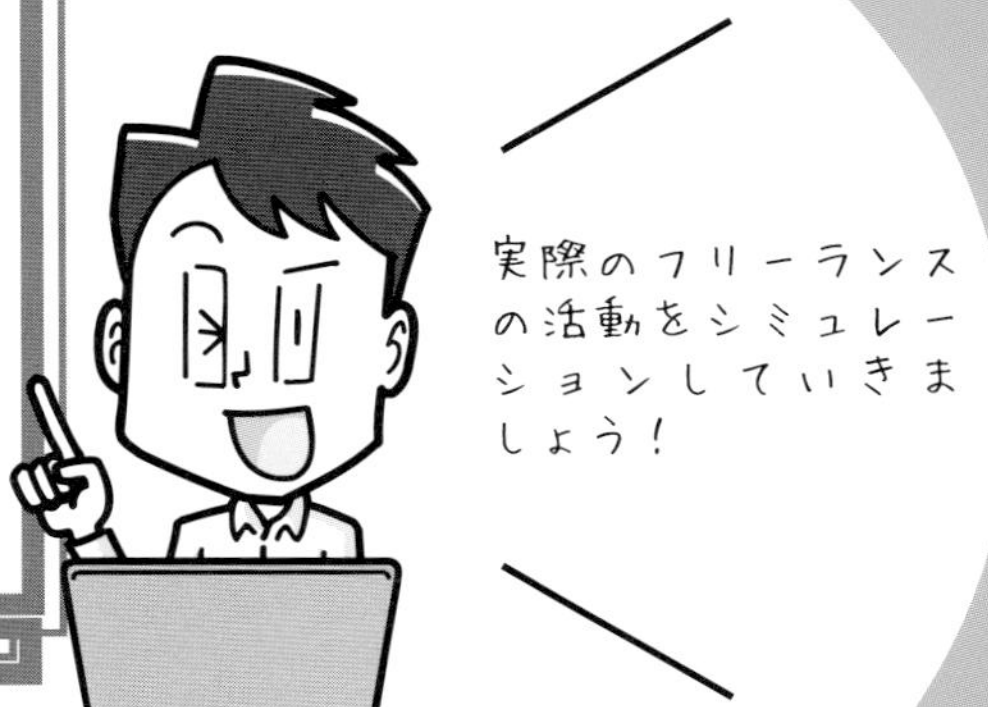
実際のフリーランスの活動をシミュレーションしていきましょう！

01 マーケティングをしよう

1 フリーランスにとっての「マーケティング」とは?

「マーケティング」という言葉を聞いたことはあっても、その定義を明確に説明できる人は少ないかもしれません。実際、近年その定義は多様化しており、業界や会社単位でも異なることもあります。

本書における「マーケティング」は、次のような**「潜在顧客を探し、そのターゲットに向けた商品や訴求方法を作る作業」**を指します。おおまかな手順は次のとおりです。

❶ 色々なマーケット(市場)を知る
❷ 自分の商品を訴求できそうなマーケットを絞る
❸ そのマーケットに訴求するための手段(商品開発やPR)を練る

よく、「マーケティング」と「営業（売り込み・セールス）」が混同されがちです。両者は実際に重複する要素もありますが、ここでは営業の定義は「**マーケティング（❶〜❸）で絞り込んだターゲット（潜在顧客）に実際に売り込むアクション**」とします。

2 マーケットを見つけよう！

同業者のビジネスをリサーチする

手っ取り早い方法は、**同業のフリーランスがどのようなクライアントとどんな仕事をしているのかを知る**ことです。同じ職種でも分野や稼ぎ方は千差万別なので、色々な人のケースを調べ、ひとつでも多くのビジネスモデルを知ることが大事です。

方法としては66頁の「志望職種のリサーチ」と似ていますが、2時限目でのリサーチが「スキル面に関するリサーチ」であったのに対して、ここでのリサーチ

● 「マーケティング」と「営業」の違い

は「**ビジネス面に関するリサーチ**」が中心になります。

たとえば私は駆け出しの頃、活躍しているイラストレーターのウェブサイトを可能な限り調べました。すると、普段の生活で目にできる出版物や広告やウェブだけでなく、企業の社内報やパンフレット、自治体や各地の観光協会などが発行するメディアなどにも、イラストの需要があることを知ったのです。

このようなリサーチにより、**どの市場にどういった需要があるのか**、そして**その需要を満たすためにはどんなスキルがどのくらいのレベルで必要なのか**が徐々に見えてきます。自分に合っているスタイルを検証したり、要素を分解して自分のスタイルに再構築していきましょう。

最も簡単なマーケットの見つけ方は……

もっと簡単なのは、**自分に似ているスタイルのすでに活躍している同業者を見つけて、その人のクライアントに自分の商品を売り込む**ことです。もちろん、そのためには「自分のほうが仕事が速い」「料金が安い」「現代のトレンドに合って

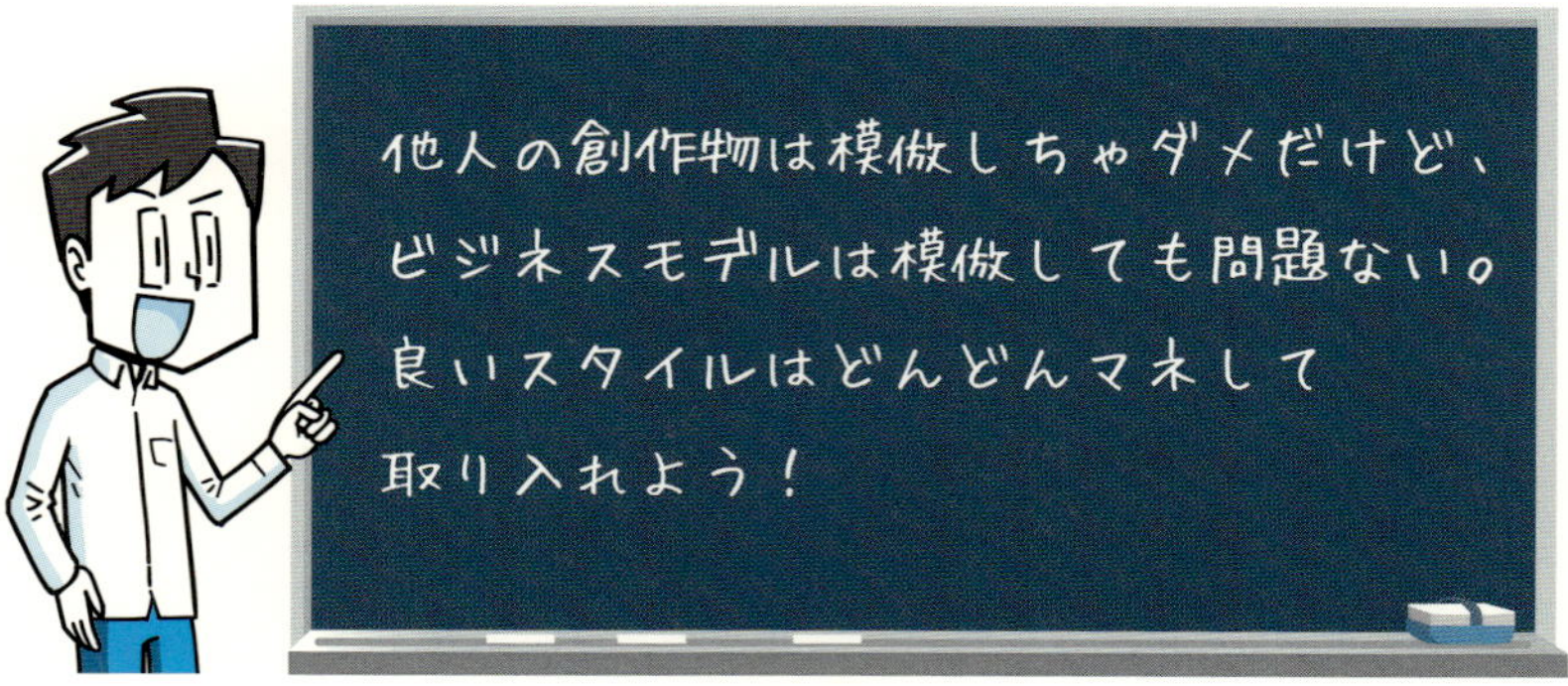

他人の創作物は模倣しちゃダメだけど、
ビジネスモデルは模倣しても問題ない。
良いスタイルはどんどんマネして
取り入れよう！

いる」など、**自分の商品を使うメリットを添えてプレゼンする**必要があります。

業界の先輩を尊敬する気持ちは大事ですが、ビジネスの視点ではそういった精神論とは切り離して考えるべきです。フェアな競争相手として認識し、**敬意を払いつつマーケットを奪いに行く姿勢**を持ちましょう。

3 SNSマーケティングをしてみよう！

リサーチをして自分の専門性が明確になったら、SNSを活用したマーケティングに取り組んでみましょう。自分の強みを自分で客観的に見出すのは難しいですが、SNSでの発信を通すと、ヒントを得られることがたくさんあります。

❶ 発信するSNSを変えてみる

イラストレーターのAさんはSNSでの発信を始めましたが、ツイッターにイラストを投稿し続けてもなかなか良い反応が得られませんでした。ところが、ある日何の気なしに同じイラストをインスタグラムにも投稿したところ、またたく間にフォロワーが増え、新しい仕事まで舞い込むようになったのです。

新規のビジネス用アカウントを作るのもアリだよ！

この例のように、ＳＮＳマーケティングでは**複数のＳＮＳを並行して利用する**ことが非常に重要です。

マンガはツイッター、写真はインスタグラム、文章はnote……などと、コンテンツの種類によってＳＮＳの住み分けがされている傾向が強いですが、作品によってはそれが適切ではない場合もあります。**同時に複数のＳＮＳで発信し、ある程度の期間続けてみて反響が大きいほうにシフトしていく**のがおすすめです。

❷ 色々なコンテンツを発信してみる

私は３年前までこのようなフリーランスの働き方についてではなく、居住地であるベルリンの文化や流行などを中心に、マンガで発信していました。しかしこれは思ったほど需要がなく、ＳＮＳでのシェア数も伸び悩んでいました。

● バズったきっかけ

転機は２０１６年、息子の誕生です。不慣れな海外での子育てなので、必然的に仕事をする時間を大幅に削減する

● 同じコンテンツでも……

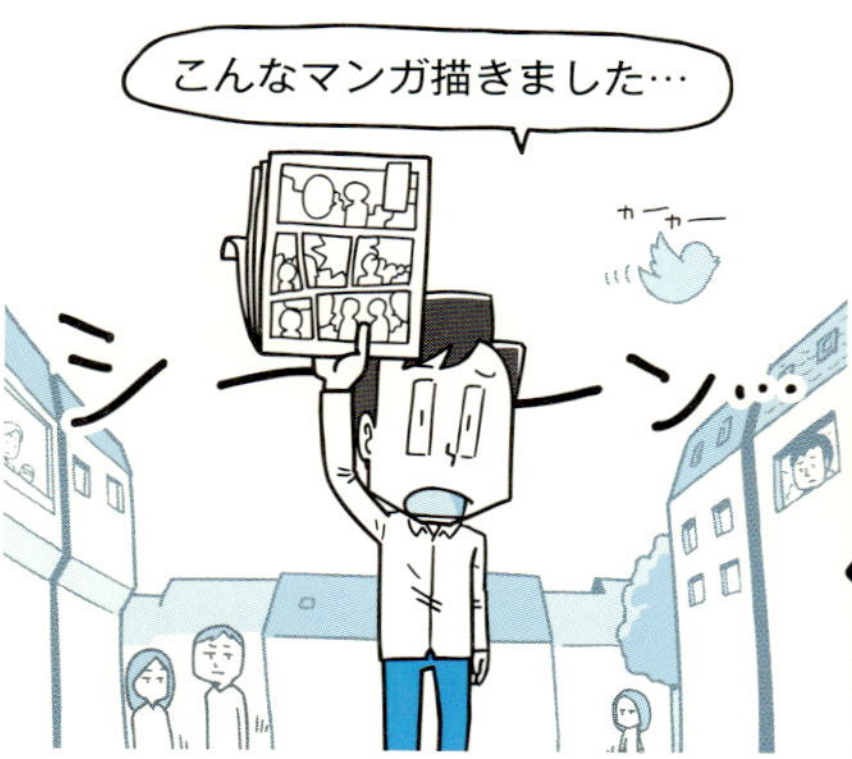

T村では反応ナシでも……

Ｉ村では大人気！……ということも

必要に迫られました。そこで取材や資料集めが必要ない、自分のフリーランス活動の経験談をテーマにマンガ連載をしたところ、予想をはるかに超える大きな反響が得られたのです。

バズった結果

連載中は特にツイッターでのフォロワー数が大幅に増加し、連載終了後には書籍化までされました。このように、自分では「まさか」と思うようなものが、発信してみると意外にも大ウケして自分の主要コンテンツになることもあります。

たとえば自動車メーカーのような大企業も、マーケットリサーチを重ねながら性能やデザインを改良して、消費者の好みに合わせるための商品開発をします。**フリーランスも同じように商品開発が必要**なのです。しかも、フリーランスはそれをSNSで簡単にできてしまうのですから、活用しない手はありません。

● フリーランスも商品開発が必要

企業がマーケットに合わせて
商品開発をするように…
最近のユーザーは走行性能より燃費などの環境性能を重視する車を好むようです
なるほど！
フリーランスも商品開発が必要
読者や顧客に喜ばれるイラストにするには、どんな改善をしたらいいかな
流行や海外のトレンドも取り入れよう

③ ある程度長い時間をかけてみる

漫画家のBさんは、1年ほど前にインスタグラムでオリジナルコンテンツの漫画を毎日投稿し始めました。しかし数ヵ月経っても大きな反応はなく、フォロワーも増えません。周囲からも「そのコンテンツは伸びないから撤退するべきでは」とまで言われましたが、半年過ぎた頃から急激に人気が出始め、そのまま人気コンテンツになって書籍化まで果たしました。

ＳＮＳで多くの人からフォローされたり反応を得るためには、次の2つを守ることが大事です。

- **それなりに長い期間（1ヵ月〜数ヵ月）**
- **できる限り毎日投稿する**

正確なマーケットリサーチをするために、この条件をできるだけ満たして継続しましょう。

全く反応を得られないコンテンツは潔く撤退する勇気も必要ですが、自分が「これは行けるはず」という確信を持っているなら、周りから何を言われても信じて継続することも大切なのです。

試行錯誤や継続・撤退の判断を自由にできるのも、フリーランスの強み！

④ 時間帯を変えて投稿してみる

SNSでのマーケティングでもうひとつ大事なのが、「時間帯」です。たとえ同じSNSでも、**時間帯によってユーザー層が違う**ことがよくあります。

色々な時間帯に投稿してみると、自分の商品がどの時間帯にシェアされやすいのかが分かってきます。そして、その時間帯に多いユーザー層を分析してみると、**自分の商品の需要があるマーケットを割り出すことができる**のです。

SNSマーケティングをしても期待した反応が得られない場合は、次のような理由が考えられます。

- **コンテンツがSNSに合っていない**
- **発信、投稿の方法がSNSにマッチしていない**
- **コンテンツのクオリティが足りていない**

検証しつつ、試行錯誤をしていきましょう。

● SNSが活発な時間帯と時間別ユーザー層

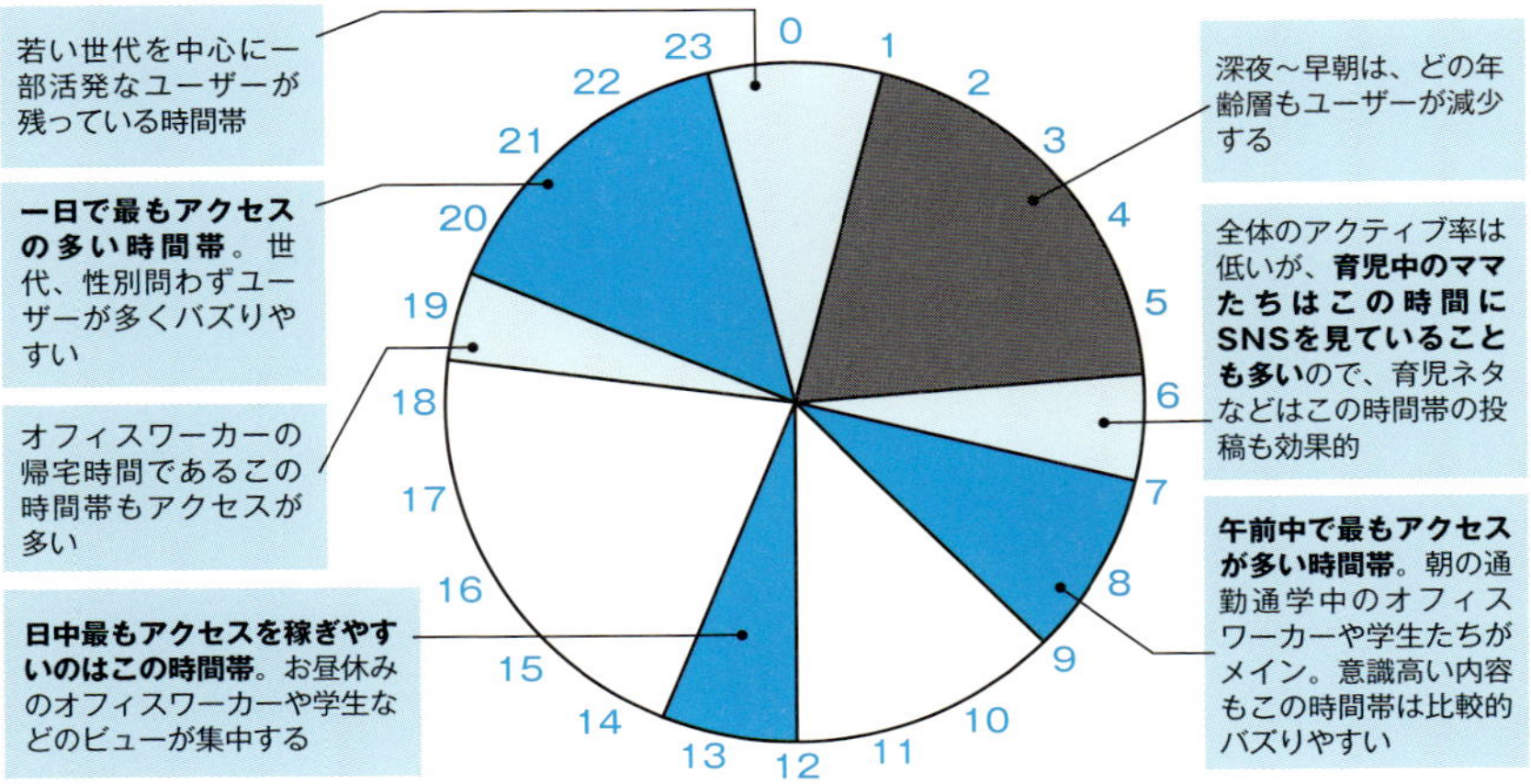

4 自分でマーケットを作ろう！

ここまでお話ししてきたのは、「既存のマーケット」に対するマーケティングでした。しかし、**自分でマーケットを作ることもまた、ひとつのマーケティング**といえます。

「自分でマーケットを作る」というと仰々しく聞こえますが、それほど大層なことではありません。むしろ場合によっては、既存マーケットのシェアを獲得するよりも簡単なこともあります。なぜなら、既存マーケットはレッドオーシャン化していることが多い反面、**自分でマーケットを作れば、少なくとも当面はブルーオーシャン**だからです。

では、自分のマーケットを作るにはどうすればいいのでしょうか。そのヒントは、

A「自分の専門性（仕事）」
×
B「（仕事以外の）自分の関心・得意分野など」

の掛け合わせです。

仕事の専門性以外にも幅広く関心を持つことが大事！

主に、Bには「**趣味**」や「**地域性**」などが該当します。

ウェブデザイナーのCさんは、自転車が趣味です。その趣味を通して知り合った自転車ショップからウェブサイトのリニューアル依頼を受けたり、自転車仲間のWordPressブログ開設の依頼も多く受け、売上がかなり上がりました。

スキルと、自分にしかない特徴を掛け合わせる。これが「マーケットを作る」ということです。

こんな例も

私はクリスチャンなので、まずはキリスト教系の出版物を発行している出版社に営業しました。というのも、キリスト教系出版業界は「クリスチャンではないけどイラストレーターとして実績がある人」よりも「クリスチャンであり（聖書の知識があり）、実績はなくてもある程度のスキルを持ったイラストレーター」のほうが望ましかったのです。しかし、そういうイラストレーターが当時はほとんどいませんでした。さらにイラストレーターの高齢化が深刻化しており、教材や出版物に使われるイラストも時代に合わないものになっていたのです。この狙いどおり、たくさんの発注を得ることができました。

このように、**自分の専門性を自分ならではのフィールド（趣味や地域、時には宗教も）と掛け合わせる**ことで、新しい自分だけのマーケットを創出することができます。

知らないことは「知りません」と言おう

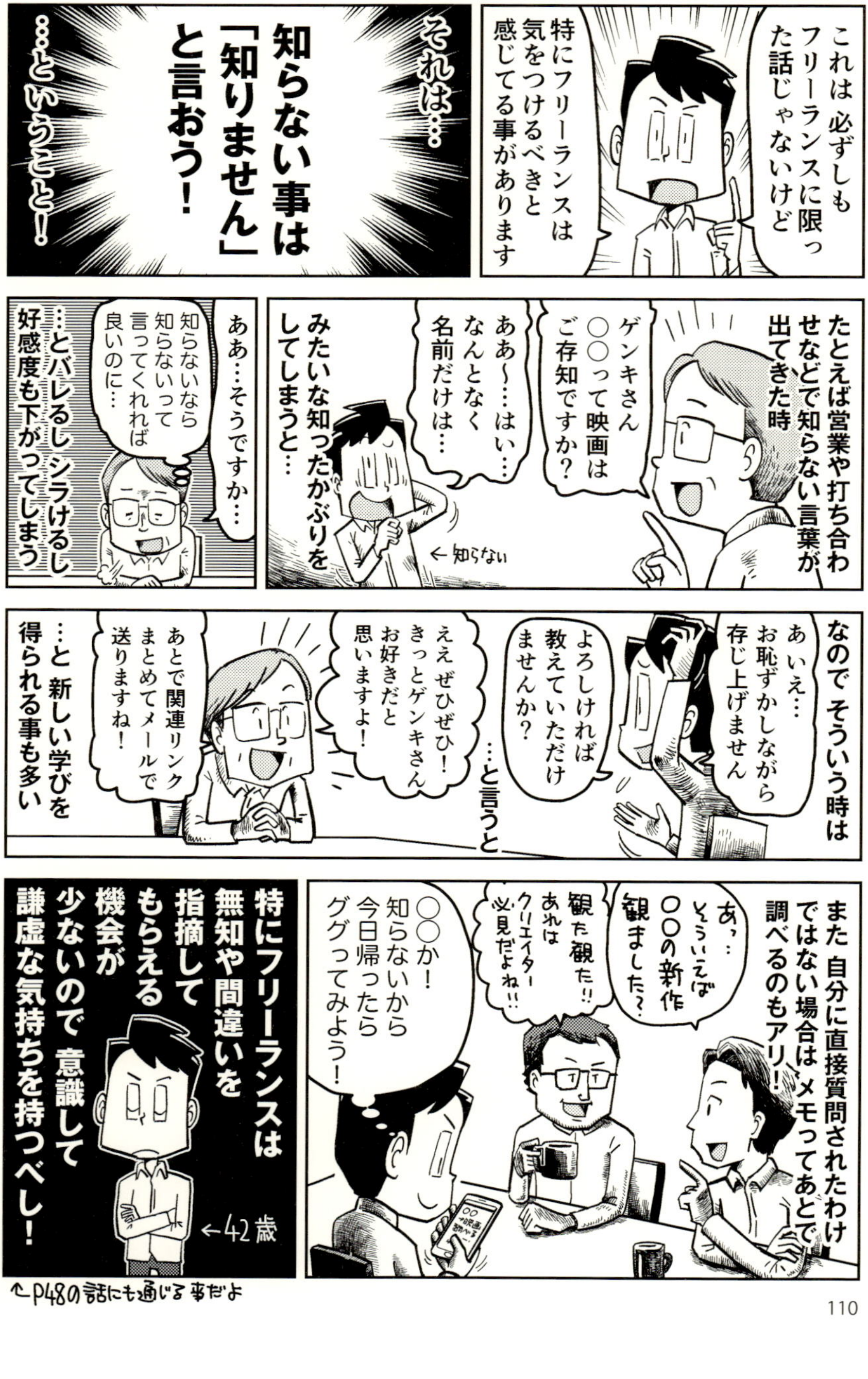

Column 7

自分にしかない強みを作る方法

フリーランスが生き残るために、大事なことのひとつは差別化です。そのためには、同業者の中にあって「自分はこれだけは負けない！」という強みを持つ必要があります。では、その強みはどうやって作ればいいのでしょうか？　そのヒントはこれです。

● 2つ以上のスキルや得意分野を掛け合わせよう！

差別化するための自分だけの強みを作るには、2つ以上のスキルや得意分野を掛け合わせることが重要です。ひとつの要素での差別化は非常に難しいものですが、2つ以上掛け合わせることでハードルが一気に低くなるからです。

私のケースを例に説明してみます。私のメインの肩書はイラストレーターですが、イラストの技術やセンスだけで比べてしまえば、もっと上手いイラストレーターはたくさんいます。その中で頭角を現すのは簡単ではありません。

しかし、イラストレーターでありながら、

❶ マンガも描けて、
❷ 文章も書けて、
❸ 写真も撮れて、
❹ ギターも弾けて、
❺ IT にも詳しく、
❻ 海外に住んでいる

……という人は、日本人全体を見渡してもかなり少ないはずです。そういった得意分野をメインのイラストという要素に掛け合わせることで、**私にしかできない仕事やコンテンツを生み出す**ことができ、それが差別化のための強力な武器になるのです。

たとえば、世の中にイラストレーターはたくさんいますが、IT 関連のイラストを得意としている人は実はそれほど多くありません。そこで私は IT 系の出版社に訴求して仕事をいただき、実績を多く作りました。そこから評価していただけるようになり、「プログラミング本の表紙ならゲンキさんに描いてもらおう」といった流れで、仕事をよく任せていただきます。

「自分の強みって何だろう？」と思う人は、本職のスキル以外の自分の得意分野や趣味などをリストアップしてみましょう。きっと掛け合わせて強みにできるものがあるはずです。

02 営業の準備をしよう

1 ウェブサイトを作ろう

まずウェブサイトが必要です。特にクリエイターの場合は、自分のウェブサイトがウェブ上でのポートフォリオ（作品集）になり、ウェブ経由の仕事受注の窓口となります。名刺と同等か、それ以上に重要なものです。

❶ とにかく独自ドメインで作ること！

そして、そのURLを決めるにあたって最も重要なことは、**独自ドメインを使う**ということです。

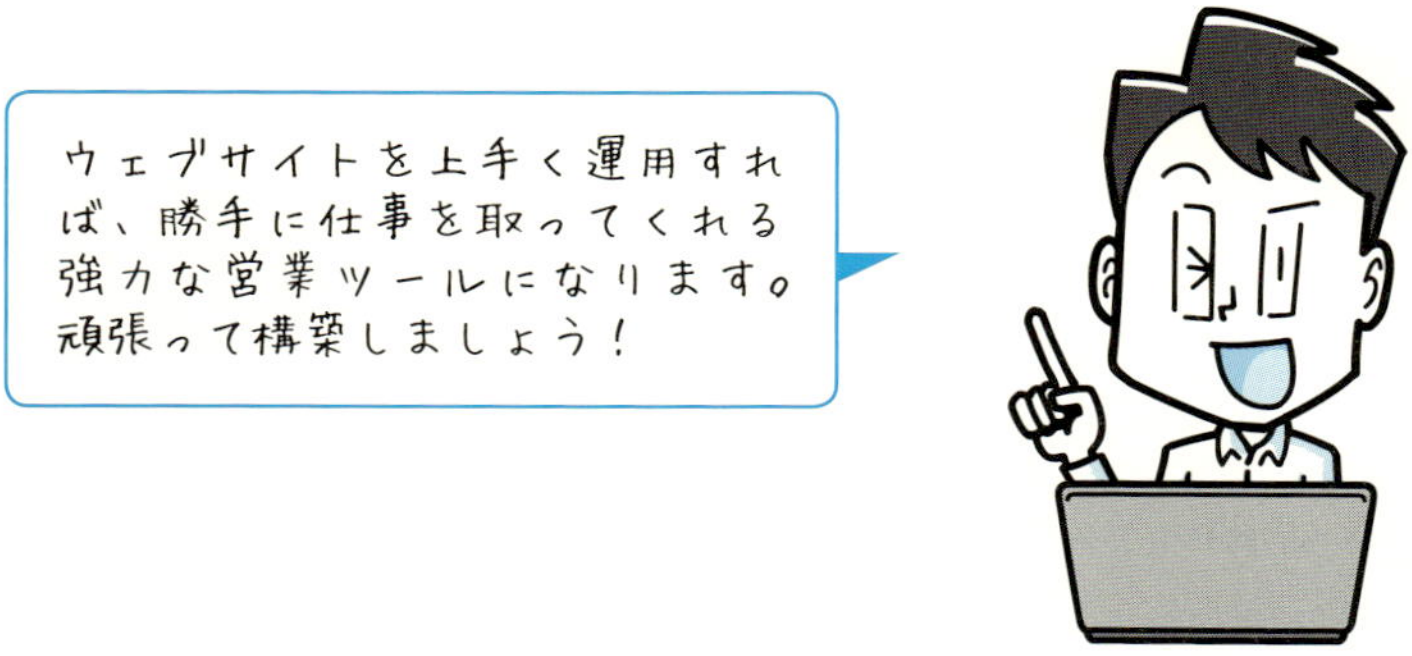
ウェブサイトを上手く運用すれば、勝手に仕事を取ってくれる強力な営業ツールになります。頑張って構築しましょう！

独自ドメインとは

独自ドメインとは「XXXX.com」とか「XXXX.net」のようなURLのことです。

年間数百～数千円程度のドメイン維持費（＋サーバー代など）がかかりますが、無料のホームページ作成サービスのように突然サービスが停止したり、運営会社がなくなることによる**サイト消失のリスクがありません**。また、独自ドメインでサイト運営をすることでビジネスへの本気度を示すことができ、信頼を得られます。

よくある失敗

駆け出しフリーランスの傾向を見ていると、最初は無料のサービスを使い、仕事が軌道に乗ったら有料の独自ドメインに移行する……というパターンの人が多いように感じます。しかし一度外部に構築したウェブサイトを独自ドメインのサイト（WordPressなど）に移管するのは、それだけでも大変な作業です。

さらにURLを記載した名刺などの印刷物もすべて刷り直し

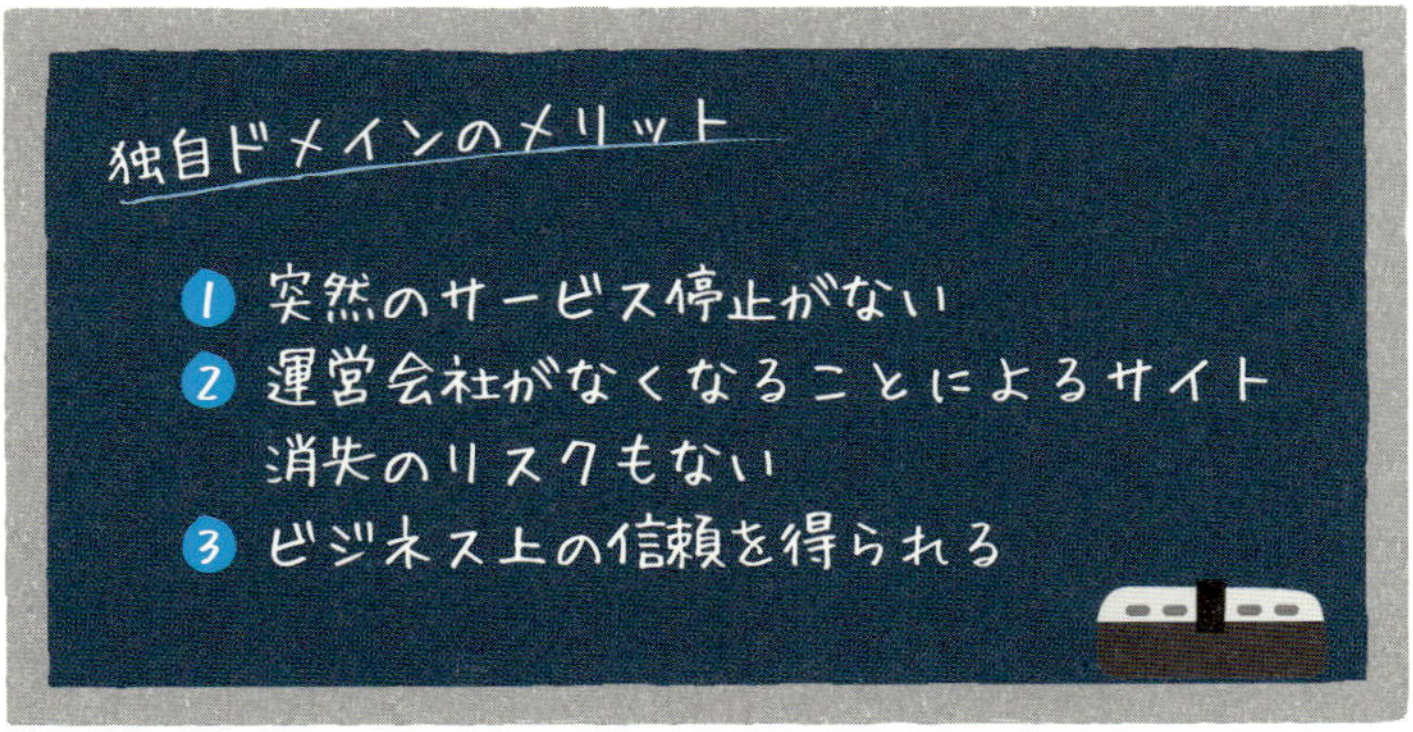
独自ドメインのメリット
1 突然のサービス停止がない
2 運営会社がなくなることによるサイト消失のリスクもない
3 ビジネス上の信頼を得られる

になるので、なるべく最初から独自ドメインにしておきましょう。

❷ できればブログもやろう

そしてウェブサイトとは別に、ブログも始めましょう。ただし、これはポートフォリオとしてのウェブサイトほどの優先度ではないので、駆け出しの慌ただしい時期が過ぎて、少し落ち着いたタイミングで始めてもOKです。

ウェブサイトが対企業（BtoB）のポートフォリオであるのに対して、**ブログは対個人（BtoC）的な性格が強い**ものです。ブログを通して自分の活動や仕事の紹介をすることで、新たなマーケットへのプロモーションになります。個人のクライアントからの仕事が入ったり、同業の人の目に触れて仲間ができたりするのがブログのメリットです（BtoBとBtoCについては143頁参照）。

ブログも独自ドメインで！

ブログは、独自ドメインで長期的に運用することでSEO

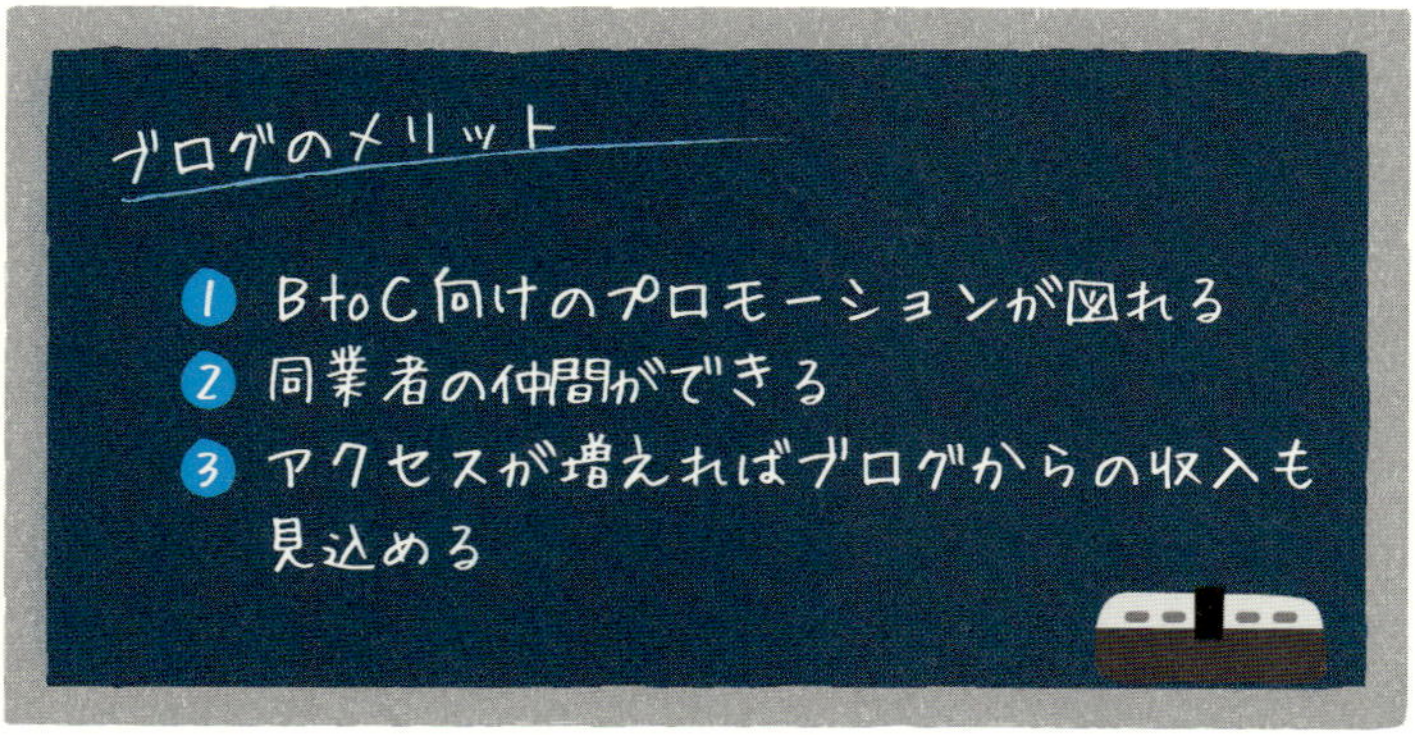
ブログのメリット
1 BtoC向けのプロモーションが図れる
2 同業者の仲間ができる
3 アクセスが増えればブログからの収入も見込める

（検索エンジン最適化／Googleなどの検索結果で上位に表示されること）が強くなります。アクセスを増加させて、さらにそこに広告（アドセンスやアフィリエイト）を貼ることで、ブログからの収益を得ることも可能です。

ブログだけで生活できるほど稼ぐのは難しいですが、毎月数万円程度の安定した収益を出すのはそれほど難しくありません。その収益で本業の不安定さを補ったり、本業のための投資に使うこともできるのです。

ライターはブログだけでもOK

文章を扱うライター業の場合は、ブログがそのまま仕事や作品のポートフォリオとして機能するので、独自ドメインのブログを開設しましょう。

ただし、プライベートな内容の記事も書きたい場合は、対企業のプロモーションと混在させないために、ブログ内のカテゴリー分けを整理するか、別のブログに分けるなどの対策をすることをおすすめします。

ブログの収益化については、同シリーズの「ブログの教科書1年生」が詳しいので、興味がある方はそちらもぜひ！

ポートフォリオサイト

多くのクリエイターにとって、ポートフォリオサイトはWeb上での名刺のような存在です。ここで第一印象が決まってしまうので、見やすさとデザイン性のバランスを工夫しましょう。また、イラストや写真のサイトでもSEO対策のために、タイトルや説明などのテキストをある程度入れておくことをおすすめします。

独自ドメインで作ろう（WordPressが望ましい）

タイトルはシンプルに。クリエイターはロゴのデザインにも凝りたいところ

作品一覧。サムネイルを見るだけで、作品の内容がある程度分かるように配置する

トップ画像。クリエイターはここで第一印象が決まってしまうので、最も力を入れたい箇所

メニューバー。作品のカテゴリーを分かりやすく分類しよう

ブログ

基本的にブログは、本業のプロモーションというより、もう少し長期的な発信を目的とするものと捉えましょう。ストイックになりすぎず、できるところから始めて、方向性を修正しながら記事を増やしていくのがおすすめです。記事が増えてPV（ページビュー）が増加したら、収益化して副収入のひとつにします。

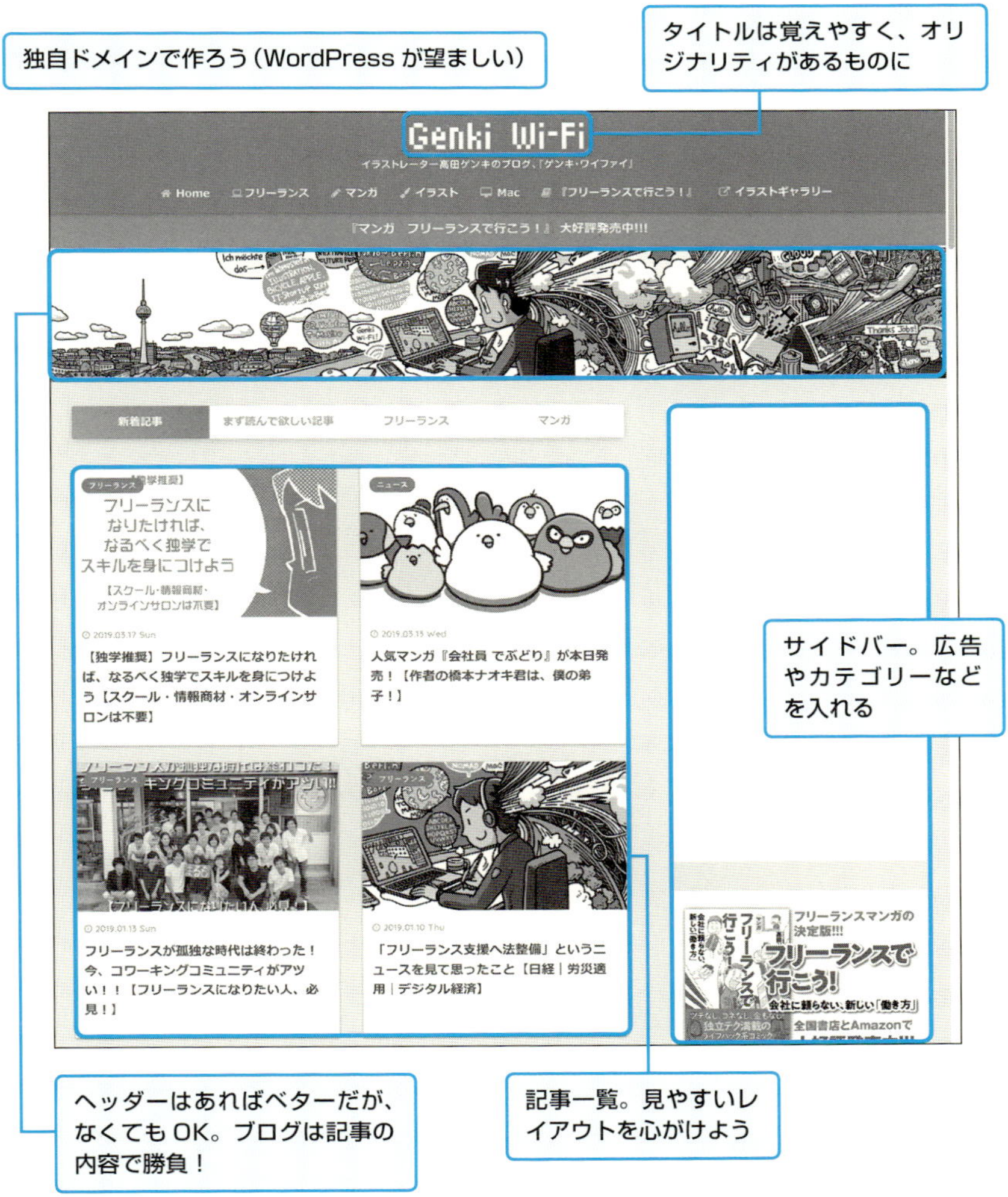

2 名刺を作ろう

フリーランスにとって、**名刺はビジネスの場面で初対面の人に見てもらう最初の作品**であり、第一印象を決定づける大きな要素でもあります。

名刺デザインの鉄則

名刺をデザインする場合は、次の2点に気をつけましょう。

> **❶ 自分の作品や得意分野を前面に出し、情報とイメージがひと目で伝わるようにする**
> **❷ ❶を盛り込みつつ、ビジネスツールとしても不足のないものにする**

特にクリエイターの場合は、ついつい名刺のデザインにも自分の感性を爆発させたくなります。しかし、自分がフリーランスのクリエイターでも、名刺を渡す相手の多くは企業に勤める会社員であることを忘れてはいけません。一歩引いた客観的視点を持ち、ビジネスシーンでも恥ずかしくないデザインを心がけましょう。

名刺はビジネスにおける「自分の顔」。とりわけフリーランスでクリエイターともなると、企業人ほどフォーマルなデザインではなく、多少カジュアルでも許容されますし、むしろそのインパクトが仕事につながることも少なくありません。そういった意味で、クリエイターにとって名刺は強力な営業ツールです。

名刺に記載すべき要素

決まった様式はありませんが、最低限の要素は押さえておきましょう。

❶ 肩書き（職種名）※
❷ 名前（読みにくい場合は読み表記も）※
❸ 電話番号 ※
❹ メールアドレス ※
❺ 住所
❻ ウェブサイトやブログのURL
❼ SNSのID（Twitter、インスタグラムなど）

（※は必須要素）

● 一般的な名刺の例

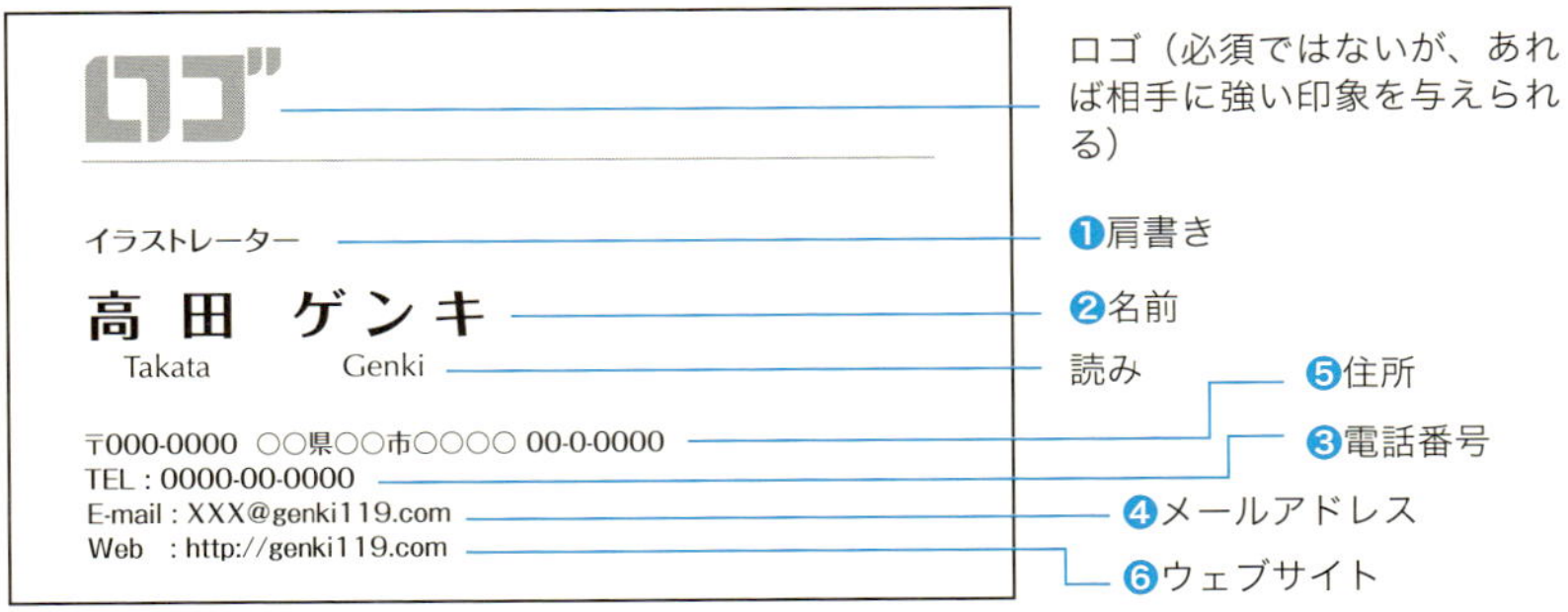

名刺に住所は記載するべき？

私が独立した2004年頃は、先輩フリーランスに「住所を記載していない名刺を渡すということは『あなたを信用していません』と言っているようなもの。そういうフリーランスは仕事をもらえない」と言われたものでした。

しかし、最近は「必ずしも名刺に住所の記載は必要ではない」と考える人も多く、無記載の名刺を目にすることも増えました。特にフリーランスは自宅を仕事場にしている人も多いので、プライバシーの保護やセキュリティを優先するなら、ビジネス目的の名刺であっても住所を記載しなくていいでしょう。

また、用途によって内容を変えて名刺を複数作ることもあります。よくあるのは、「住所を記載したもの」と「住所を記載しないもの」の2種類の名刺を、同じデザインで作るパターンです。こうすると、営業先や取引先には住所記載の名刺、展示会や異業種交流会などのイベントで会った人には住所非記載の名刺……と使い分けができるのでおすすめです。

特に女性はトラブルを避けるために住所非記載の名刺を使っている人が多いよ。

Column 8

独立から現在までの名刺を大公開！

ここで名刺デザインのサンプルとして、私の独立時から現在に至るまでの名刺デザインを公開します。「これが正解！」というわけではありませんが、曲がりなりにもイラストレーターとして 10 年以上にわたり仕事を獲得し続けてきた名刺たちなので、デザインや内容の参考にはなるはずです。

フリーランスの中でも特にイラストレーターやデザイナーなどのクリエイターは、相手に強いインパクトを与えることが大事。自分の作品や作家性を活かせるように工夫しましょう。

❶ 2004 ～ 2009 年

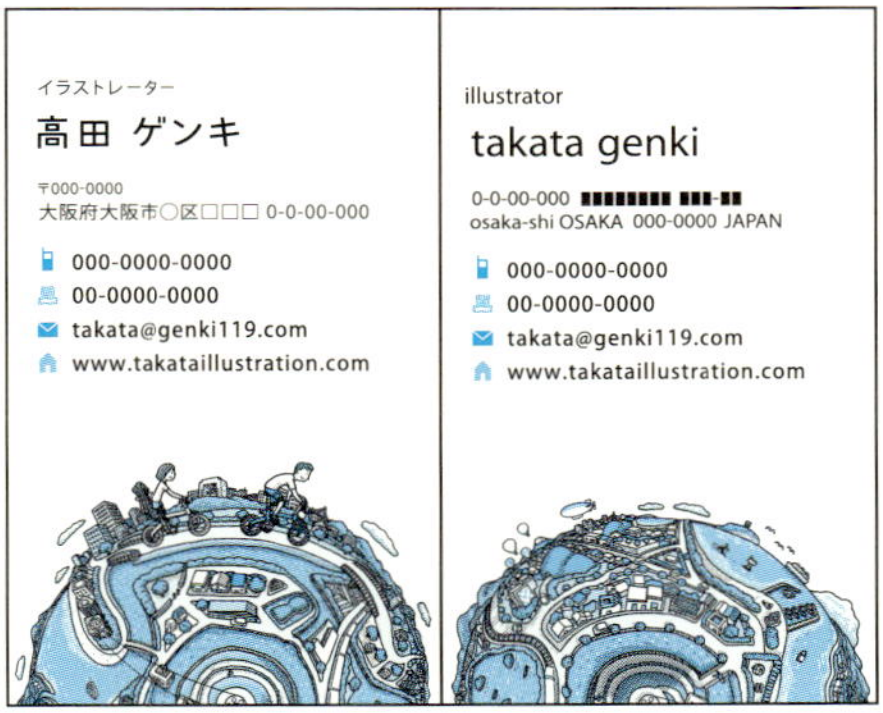

❷ 2011 年

❸ 2014 年

❹ 2018 年

❶ 独立当時の名刺。自分の画力に自信がなく、画風も定まっていなかったので、イラストはなし。

❷ 表面は当時住んでいた大阪、裏面は地元の神奈川をモチーフにしたイラストに。転居通知と共にクライアントに送ったところ、非常に好評で仕事が一気に増えた。

❸ ドイツ移住後の名刺。日本人以外にも渡す機会が増えたので、海外で受けるタッチのイラストを使った。

❹ 漫画書籍を出版したので、漫画家としての側面をアピールするためのデザインに。肩書にも「漫画家」が加わった。

活躍するフリーランサーたちの名刺を紹介！

「実際に名刺を作ってみましょう！」…と言われても、
イメージが湧かない人もいると思うので、そんなあなたのために
「教えて先輩！」コーナーでご登場頂いた先輩たちの名刺をご紹介します。
秀逸な名刺ばかりなので、デザインや内容の参考にしてください。
（カラーでお見せできないのは残念ですが…）

イラストレーター　榎本 よしたか さん

表面は持ち味のポップなタッチの自画像イラストが配置されている！

裏面も自画像だが、こちらは法廷画家としてのタッチ。両方の肩書をうまく活かした名刺。

Webデザイナー　稲田 千弥子 さん

デザイナーの稲田さんの名刺は、デザインだけでなく紙や加工（デボス加工）にもこだわっている。

ライター　やなぎさわ まどか さん

「点と点を結び、立体的なストーリーとして記事にできること」への思いを込めたデザイン。

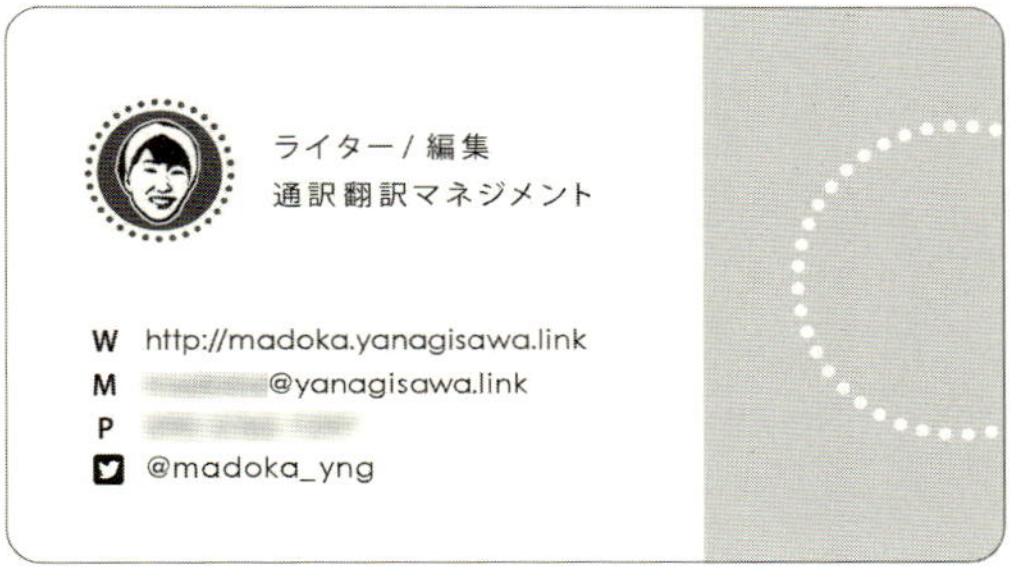

iOSエンジニア　堤 修一 さん

スマホに重ねると穴からアイコンが覗く「iPhone に対応した名刺」。佐藤ねじ氏によるデザイン。

グラフィックデザイナー　ベーコン さん

規格外のサイズ。「様々な販促グッズを作れる」ことをシンプルに伝えるデザイン。

3 ポートフォリオを作ろう

営業するためには、営業用の「ポートフォリオ」が必要です。ポートフォリオとは、**クリエイターが実績をアピールするための作品一覧**のことです。イラストレーターの場合は「イラストファイル」とも呼びます。

印刷業者などに発注して冊子形式のようにしてこだわる人もいますが、たいていは市販のクリアファイルにプリンタで出力した作品を入れるだけのものが一般的です。**大事なのはポートフォリオ自体の豪華さではなく、内容（イラストやデザインや写真など）のクオリティや、先方のビジネスとの相性**です。

その点をきちんと伝えられれば、過度に形式にこだわる必要はありません。

● ポートフォリオ（イラストファイル）の作成例

① ポートフォリオを作るのに必要な物
↑プリンタ
クリアファイル（10ポケット）→
プリンタ用紙→
プリンタ用紙
② 表紙を見栄え良くデザインする
高田ゲンキ イラストファイル
③ ページ、または見開きごとにカテゴリーを分けて、見やすくレイアウトする
風景
人物
ネットで、私が駆け出しの頃に実際に営業で使用していたイラストファイルを公開もしています（有料・500円）。
【有料】僕の駆け出しの頃の営業用イラストファイルを公開します
https://note.mu/genkitakata/n/n2f7e925ee2ce

ポートフォリオの構成

ポートフォリオの構成には特別な決まりはありませんが、ここではポートフォリオに入れるべきと考えられる要素と、一例として全体のページの構成を紹介します。

【入れるべき要素】

❶ポートフォリオのタイトル（例：「高田ゲンキ イラストファイル」など）
❷表紙デザイン（ここで第一印象が決まる）
❸略歴
❹実績や取引先など（ある場合）
❺作品
❻各ページのノンブル（ページ数）
❼目次（そのために❻が必要）

【作例】

次のページでは、一例として私が過去に作成したポートフォリオの一部をご紹介します。

ポートフォリオ作例

私の駆け出しの頃のポートフォリオの一部をご紹介！

「営業したいけど、どんな感じに作ればいいか分からない」…という方、ぜひ参考にしてください！

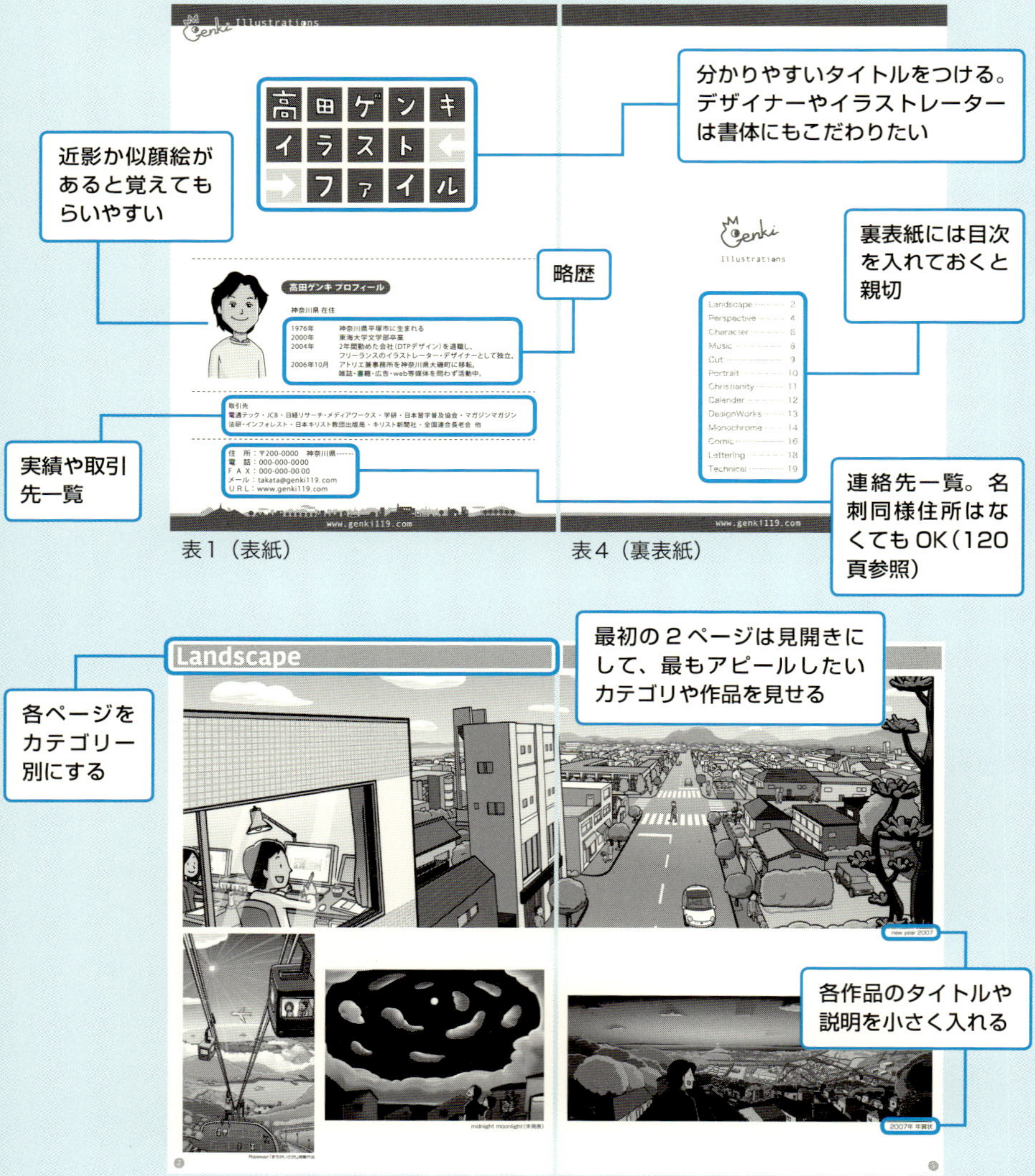

表１（表紙）　表４（裏表紙）

中面（1〜2ページ目）

3ページ目以降は1ページごとにカテゴリーを分ける

カテゴリーごとに色分けすると区別しやすくする

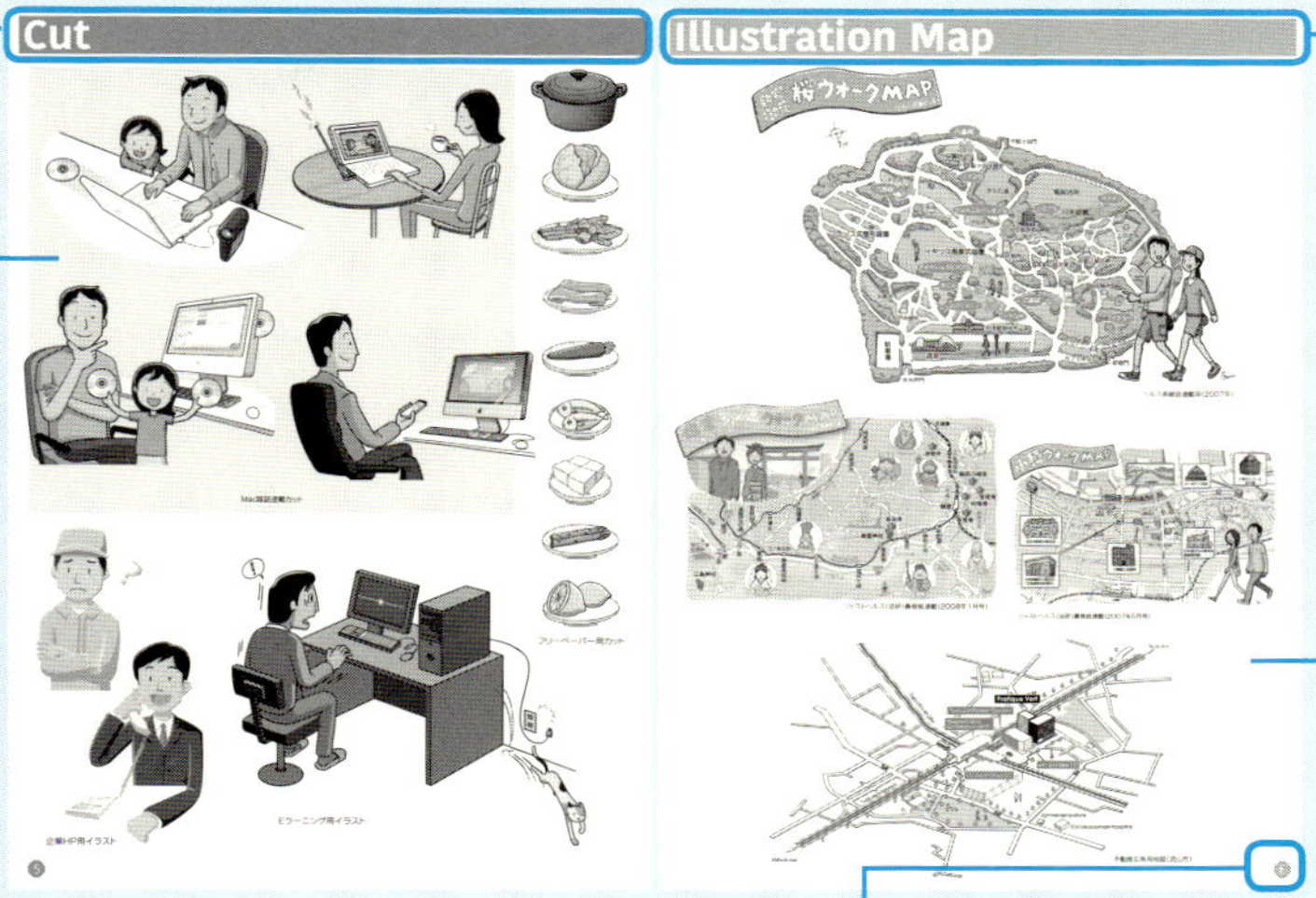

同じグループにまとめるために色を敷くのもおすすめ

中面（3ページ目以降）

各ページにノンブルを入れておこう（目次にも役立つ）

作品を邪魔しないよう、地の色は白が好ましい

● ポートフォリオを郵送するときは…

① 郵送するものをそろえる。ポートフォリオだけではなく、名刺と一筆書きも添えると良い。

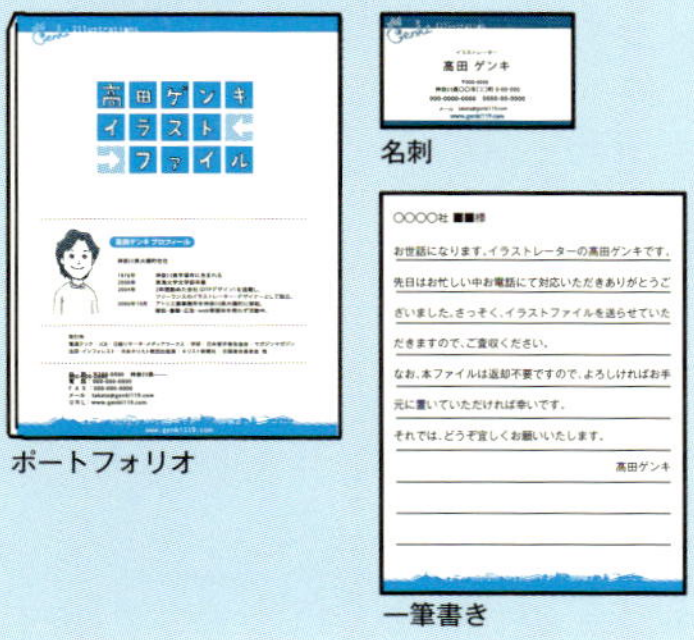

ポートフォリオ

名刺

一筆書き

② A4サイズの封筒に入れて発送する。名刺が封筒の下に行かないように、まとめてクリップで留めておくと良い。

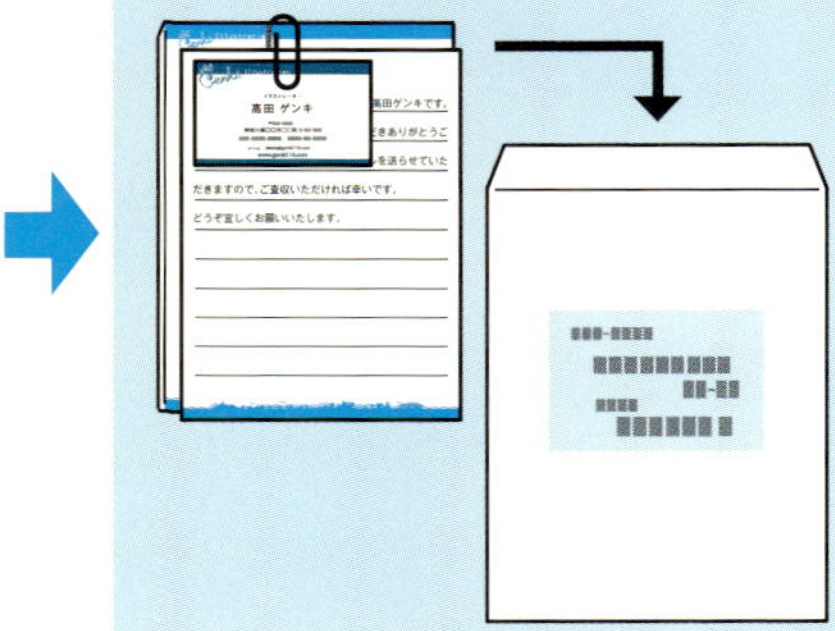

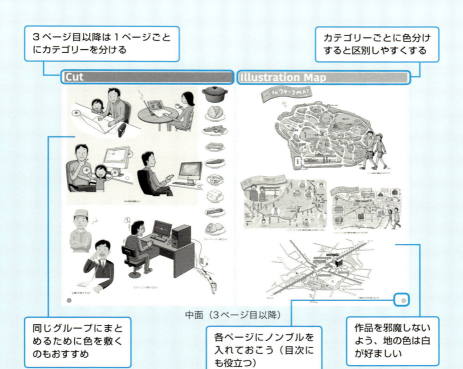

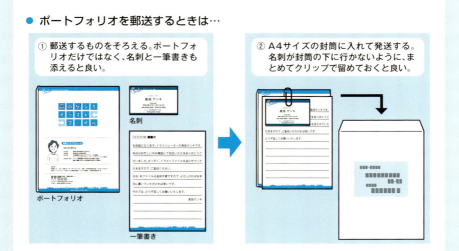

ポートフォリオに値段表は入れるべき？

これは職種やターゲットによって事情が多少違いますが、基本的には**値段表は載せないほうがいい**と考えています。なぜなら特にBtoBの仕事において、値段表が不利に働くことが多いからです。

不利な理由❶：値段表より高い料金を取れないから

いったん値段を明記してしまうと、その値段より高い仕事はまず来ませんし、自分から値段を上げることもできなくなってしまいます。料金表は一定の安心感を相手に与え、信用を得やすいと思いがちですが、こういったリスクがあることを理解しておきましょう。

不利な理由❷：値段は案件の条件によって変動するもの

同じような商品でも、案件や使用される媒体によって料金は大きく変動します。たとえばイラストの場合、同じ内容やサイズでも、出版物（書籍や雑誌）に使用される場合と広告に使われる場合では、値段が10倍も違うこともあるのです。

そういう実態を知ると、**自分の商品やサービスに一律の料金を設定するのは非常に難しい**ということがお分かりいただけるでしょう。

「とはいっても、料金表を載せないと『高いのではないか』と敬遠されて仕事が減りそうで心配」と考える人も多いですが、実際そんなことはありません。

その理由は、次の2つです。

❶料金が不明でも、商品に魅力や必要性を感じれば必ず問い合わせが来る

❷「高そう」という理由で連絡しないのは商品の質より値段を優先するクライアントなので、関わってもいい仕事ができない

BtoCの場合は適宜対応しよう

また前述したとおり、これはBtoB案件を前提とした話です。BtoC（個人向けの撮影や似顔絵作成サービスなど）に特化するなら、料金表を載せたほうがいい場合もあります。

適宜、ターゲットや目的に合わせて判断してください。

● 料金表がある場合のメリット・デメリット

	メリット	デメリット
料金表あり	予算が限られた個人でも、安心して相談や依頼をしやすい	大きな予算を持っている法人からも、料金表に提示した安い金額で受注してしまう
料金表なし	案件ごとに相手の予算にあわせた料金設定にできるので、想定を超えた高額な案件が発生することもある	予算が限られた個人が、「高いのでは？」と懸念して相談しにくい

※ 個人だけを相手にしたい場合は、料金表を掲載してもOK

03 営業をしよう！

1 営業先の探し方

❶名刺、❷ウェブサイト、❸ポートフォリオの3点がそろったら、営業先の企業を探しましょう。すでに業界に人脈がある場合を除いて、営業先は自分で探さなければいけません。

職種によって異なりますが、基本的には101頁でお話しした**「マーケットの見つけ方」をベースに、さらに具体的な企業に絞っていく**イメージです。たとえば書籍や雑誌などの仕事がほしいイラストレーターなら、大きな書店でたくさんの書籍や雑誌を見て回り、自分のイラストを使ってもらえそうな媒体を見つけて、その編集部に電話をして持ち込み営業をさせてもらったり、インターネットなどで自分に似たタッチのイラストレーターを探し、その人がイラストを提供している書籍や雑誌の編集部に営業に行ったりします。

泥臭い方法をたくさん持っている人ほど自分に合った営業先を見つけられます。格好つけずに、（良い意味で）手段を選ばず、頑張って営業先を探しましょう！

2 ケース❶ テレアポ営業

直接持ち込んで営業する場合は、営業先に電話をかけて担当者につないでもらい、アポイントメントを取ります。はじめは誰しも緊張しますが、雑誌や書籍の編集部などは営業やテレアポが初めてのフリーランサーからの問い合わせにも慣れているところが多いです。胸を借りるつもりで連絡してみましょう。

「はい、もしもし○○（会社名・編集部名など）です」

「お世話になります。私（わたくし）、△△△（自分の職種）の□□（自分の名前）と申します。お忙しいところ恐縮ですが、営業をさせていただきたくお電話いたしました。少々お時間いただけますでしょうか?」

● イラストレーターの営業の流れの一例

①

本屋さんなどで、自分のイラストが合いそうな雑誌や本を探す（雑誌や本の奥付には、編集部の連絡先が載っている）。

②

出版社の編集部に電話をかける。最初にイラストの売り込みの用件であることを伝えると、たいてい親切に取り次いでもらえる。

③

運が良ければ編集部の担当者に直接会ってもらえる。相手が忙しくて会ってもらえない場合はファイルを郵便で送る場合も多い。

④

こういった「売り込み」を何回もするうちに、少しずつ仕事がもらえるようになり、良い仕事をすればリピーターも増える。

【相手に時間があり、話を聞いてもらえる場合】

「ありがとうございます。今回、○○（媒体名など）を拝見し、お電話させていただきました。私のイラストのテイストが○○に合うのではないかと思いましたので、お忙しい中恐縮ですが、一度ご覧いただくことは可能でしょうか？」

【相手に会ってもらえる場合は訪問の日時を相談して決める】

「ありがとうございます。それでは○月○日○曜日の△時に御社に伺います。お忙しい中お時間を作っていただき、本当にありがとうございます。お会いできるのを楽しみにしています。それでは、失礼致します」

※電話しながら忘れずにメモする項目

- **担当者の名前（フルネームで。できれば部署もあわせて教えてもらう）**
- **訪問の日時（双方に間違いがないか確認するため、曜日も含めて確認する）**

【相手が忙しくて電話対応ができない、あるいは訪問に対応できない場合】

「承知しました。それでは、お忙しいところ大変恐縮ですが、ポートフォリオを郵送させていただきたいので、差し支えなければ担当者様の部署とお名前と送付先を教えていただけますでしょうか？」

……という感じで送付先を教えてもらい、数日内に発送するようにします。その際には名刺と簡単に一筆添えておくと、電話をしたことを思い出してもらいやすく、印象も良いです（127頁参照）。

3 ケース❷ 持ち込み営業

テレアポで約束した日時に、指定された場所（たいていは営業先の社屋）に訪問して、担当者と会います。訪問先の会社の種類や規模によって、受付があったりなかったり、直接オフィスに行ったり、インターホンで内線から担当者や担当部署に連絡したりと様々ですが、いずれの場合も、次のように挨拶します。

「お世話になっております。本日、××時に△△部（部署名）の○○様（担当者名）にお約束をいただいております□□（自分の名前）と申します」

● 席次マナー（応接室に通された場合）

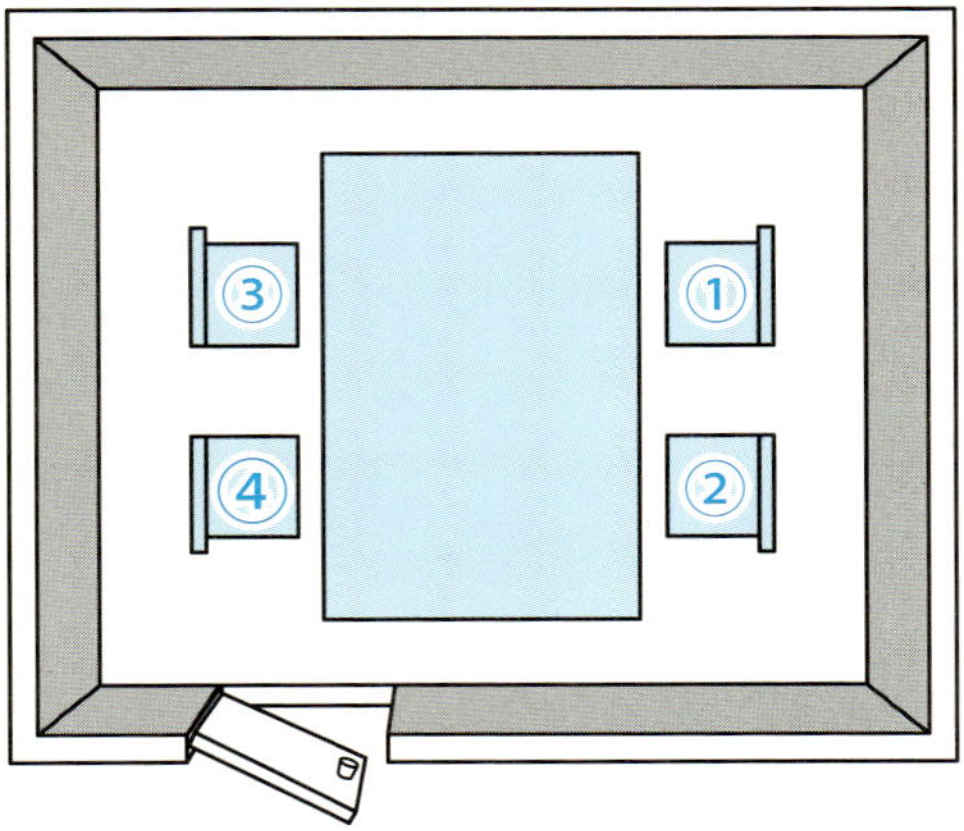
③
①
④
②

入口から一番遠い席（①）が上座（最も目上の人が座る席）で、最も近い席（④）が下座（最も目下の人が座る席）なので、営業や打ち合わせ等でクライアントの応接室に通された時は、相手に席を指定されない限りは④に座るのがマナー。

持ち物

❶名刺、❷ポートフォリオ、❸筆記用具の3点セットです。

席次

持ち込み営業では、応接室などに通されて担当者と会うケースが多いので、ビジネスマナーとして席次を知っておきましょう（前頁下図参照）。

名刺交換のマナー

担当者と話を始める前に、まずはお互いの名刺を交換します。細かいことを気にしすぎて固くなる必要はありませんが、相手に失礼のないよう、最低限のマナーは覚えておきましょう（下図参照）。

持ち込み営業のときに気をつけること

- 待ち合わせ場所には時間に余裕を持って到着する
- 出かける前や訪問する直前に担当者の部署と名前を改

● 名刺交換のマナー

① 名刺は目下の者からわたす
イラストレーターの高田ゲンキと申します
自分（目下）が渡してから
相手（目上）の名刺をいただく
名刺交換は立って行う
② 名刺を受け取る時は
頂戴《ちょうだい》いたします
…と言う
③ いただいた名刺はテーブルの上に置いておく

めて確認して覚えておく

- 相手の話す内容で分からないことがあれば、その場で聞いてメモをする
- どうしても（時間が限られているなどで）聞けない場合は、メモしてあとで調べる
- 緊張してもいいことはないので、極力リラックスして相手との会話を楽しむ

ポートフォリオは相手に進呈しよう

基本的にポートフォリオは営業先に進呈するものと考えましょう。ひとしきり話がすんだタイミングで「よろしければ、こちらのファイルはこのまま○○様のほうでお預かりいただけますか？」と自分から言うようにしましょう。会社内で回してほかの人にも見てもらえたりするので、仕事を受注できる可能性もグッと高まります。

ですから、1日に複数件の企業に営業をする場合は、**必ず営業先の数だけファイルを持っていく**ようにしましょう。ま

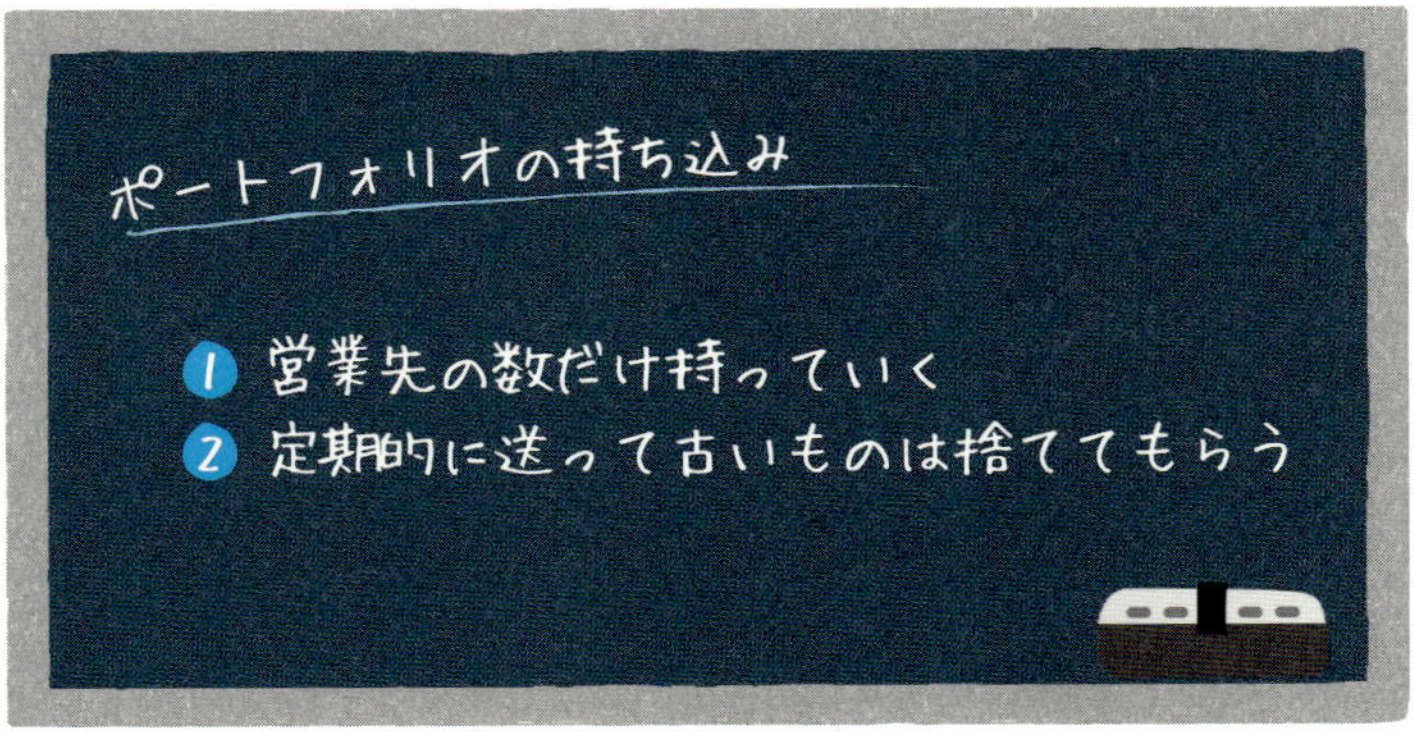
ポートフォリオの持ち込み
1 営業先の数だけ持っていく
2 定期的に送って古いものは捨ててもらう

た、持ち込み営業から時間が経つと、過去に進呈したポートフォリオの内容が古くなってしまいます。是非仕事をもらいたい企業の担当者には、メールなどで了解を得たうえで新しいポートフォリオを郵送し、古いポートフォリオは破棄してもらうのも良い方法です。

4 ケース③ 郵送営業

地方在住で営業先が集中している首都圏が遠い場合は、無理に訪問しなくてもOKです。最初から、ポートフォリオの郵送を前提とした電話をかけても問題ありません。持ち込み営業のためにかかる交通費や宿泊費を考えると、**同じ金額で何十倍の数の営業先に連絡してファイル送付をするほうが効果があります**。この方法は相手の時間を拘束しないので、先方にとっても負担が少ないというメリットもあるのです。

実はこれは居住地に関係なく、特に駆け出し時に非常に有効な営業方法です。なぜなら**独立直後の営業は、とにかく数を打つことのほうが大事**だからです。私も最初の営業は、持ち込みよりも郵送やＷｅｂですることを勧めています。

「そうは言っても、やはり持ち込みのほうが仕事をもらえる確率が高いのでは？」と思うかもしれませんが、実際に編集者の方に話を聞くと、そのほとんどが「実際に本人に会うかどうかよりも、作品のクオリティや媒体との相性が重要」と口をそろえます。実際に顔を合わせるのは、仕事が発生してからの打ち合わせのときでも大丈夫なのです。

5 クラウドソーシングも使おう

クラウドソーシングとは、**フリーランスが登録することで企業や個人からの依頼（イラスト・撮影・Web制作・ライティングなど）をマッチングしてくれるサービス**です。ここ数年で規模が拡大しており、駆け出しフリーランスの登竜門的存在になっています。

メリット

実績も人脈もない駆け出しの時期は、クラウドソーシングで効率的に案件を獲得して実績を作り、ポートフォリオに掲載できる実績が一定数たまって初めて、企業向けの営業をするのも賢い方法です。

デメリット

クラウドソーシングはシステムの性質上、「誰でもいいから一定のクオリティ以上の仕事を、一定以下の価格で

● クラウドソーシングから企業営業への流れ

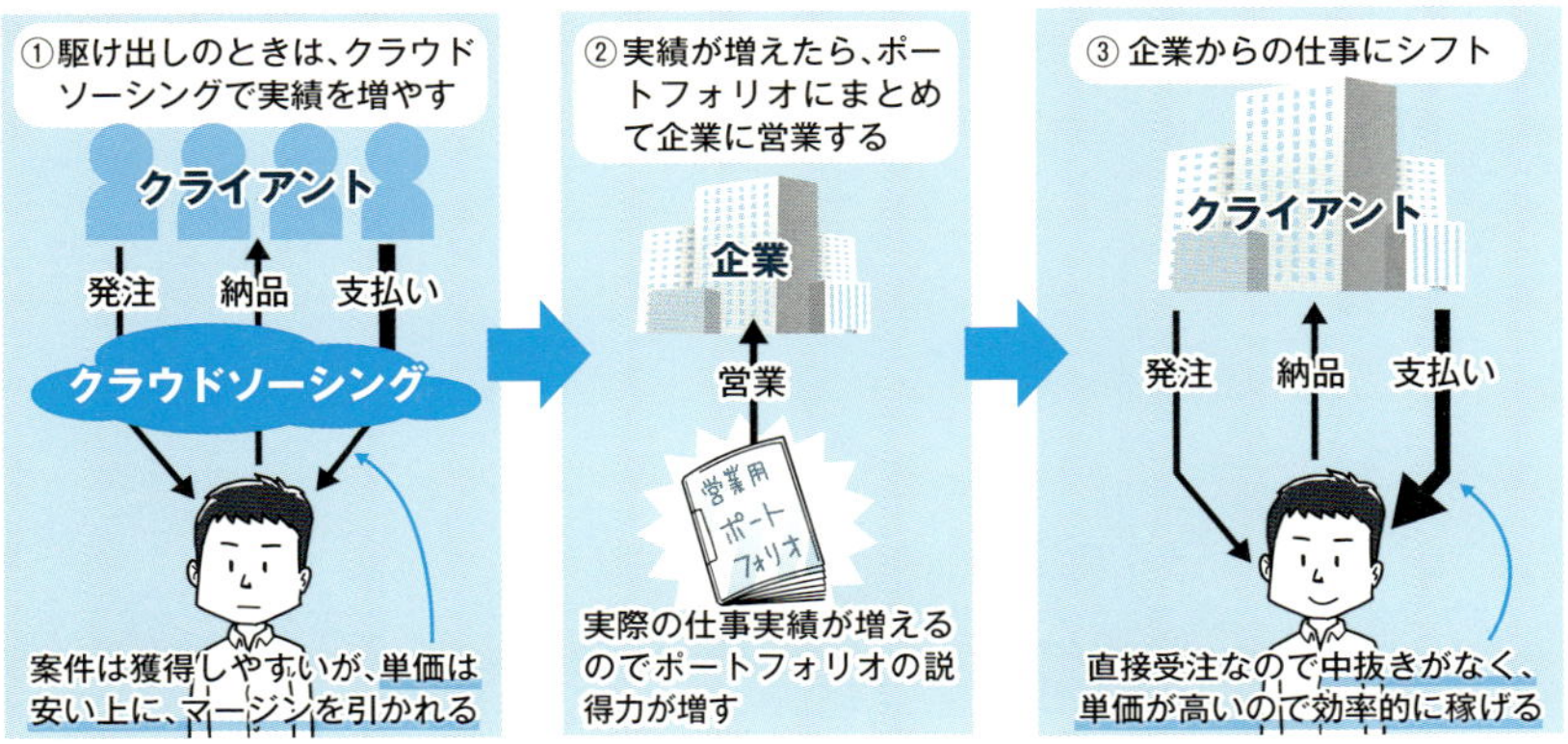

やってほしい」という性格の案件が集まるので、**高単価な案件や、自分の持ち味を活かせる案件を獲得するのは難しい**場所です。

また、発生する案件ごとに仲介手数料を差し引かれるので、ある程度以上経験があるのに続けていると効率が悪くなってしまいます。自分の経験値とワークスタイルに合わせて、切り替えるタイミングを見極めましょう。

● クラウドソーシングサービス例

❶ ランサーズ　https://www.lancers.jp/
国内初（2008年サービス開始）にして最大級のクラウドソーシングサービス。専任スタッフのサポートや、登録フリーランスを評価する「評定ランサー制度」の導入でユーザビリティを高めている
❷ クラウドワークス　https://crowdworks.jp/
ランサーズと並ぶ国内最大級のサービス。専任スタッフや「プロクラウドワーカー制度」を導入して差別化を図っている。案件数や手数料などはランサーズと同等で、案件の質や数は職種によってバラつきがあるので、両方登録して比較してみると良い
❸ シュフティ　https://app.shufti.jp/
スキマ時間にできる小規模な案件に特化した、主婦向けのクラウドソーシングサービス。スキマがなくてもできる仕事が多いので、試しに始めてみたい人には良いが、単価も低め
❹ サグーワークス　https://works.sagooo.com
ライティングに特化した、クラウドソーシングサービス。駆け出しのフリーランスライターは登録してみよう
❺ ココナラ　https://coconala.com/
「スキルのフリーマーケット」をテーマにした、クラウドソーシングサービス。ほかのサービスと比較して個人間のやり取りが多く、たとえばビデオ通話を介したオンラインレッスン（30分○○円のように）を販売することも可能

※ そのほかにも色々なクラウドソーシングサービスがあるので、自分に合ったものを探してみよう！

6 イベントに参加しよう

積極的にイベントに参加するのもいいでしょう。最近はフリーランスの異業種交流会、名刺交換会や勉強会も増えています。参加してネットワークを広げると、仕事の話をもらえたり有益な情報交換ができます。

ただし、**イベントに参加しただけで頑張ったと錯覚して達成感を感じないように**してください。塾に通うだけでは学校の成績が上がらないのと同様、イベント参加だけでは仕事は増えません。**大事なのは自分の手を動かして作り、自分の足で営業して顧客を探すこと**です。イベント参加は、あくまでそのうえでの付加的な位置づけと考えてください。

注意

最近は、フリーランス志望者の増加に目をつけた悪徳ビジネス業者（マルチ商法や情報商材屋など）も増えています。こうしたイベントに潜り込み、「フリーランスの仲間を紹介する」「良いセミナーがある」などと寄ってきて、よくよく話を聞いてみたら高額なセミナーや商品への勧誘だった……というケースも耳にするようになりました。

仕事につなげたいと意気込んで、視野が狭くなりすぎないよう注意してください（5時限目191頁で詳しくお話しします）。

7 仕事が来ないときは…？

ここまでマーケティングや営業をすれば必ず仕事が来るかというと、残念ながらこればかりは何とも言えません。少ない営業でたくさん仕事が来る場合も、たくさん営業しても仕事が全然来ない場合もあります。

最初の営業で大きな成果をあげられるに越したことはありませんが、そうでなかったからといって気を落とす必要はありません。

それはそれで立派な経験とデータ取りになっているので、改善すべき点を改善して継続していけば大丈夫です。それこそが、フリーランスのＰＤＣＡ（Plan＝計画・Do＝実行・Check＝評価・Action＝改善）です。

❶ 商品の質と量を見直す

仕事が来ない原因として、最も大きいのがこれです。

● PDCAサイクル

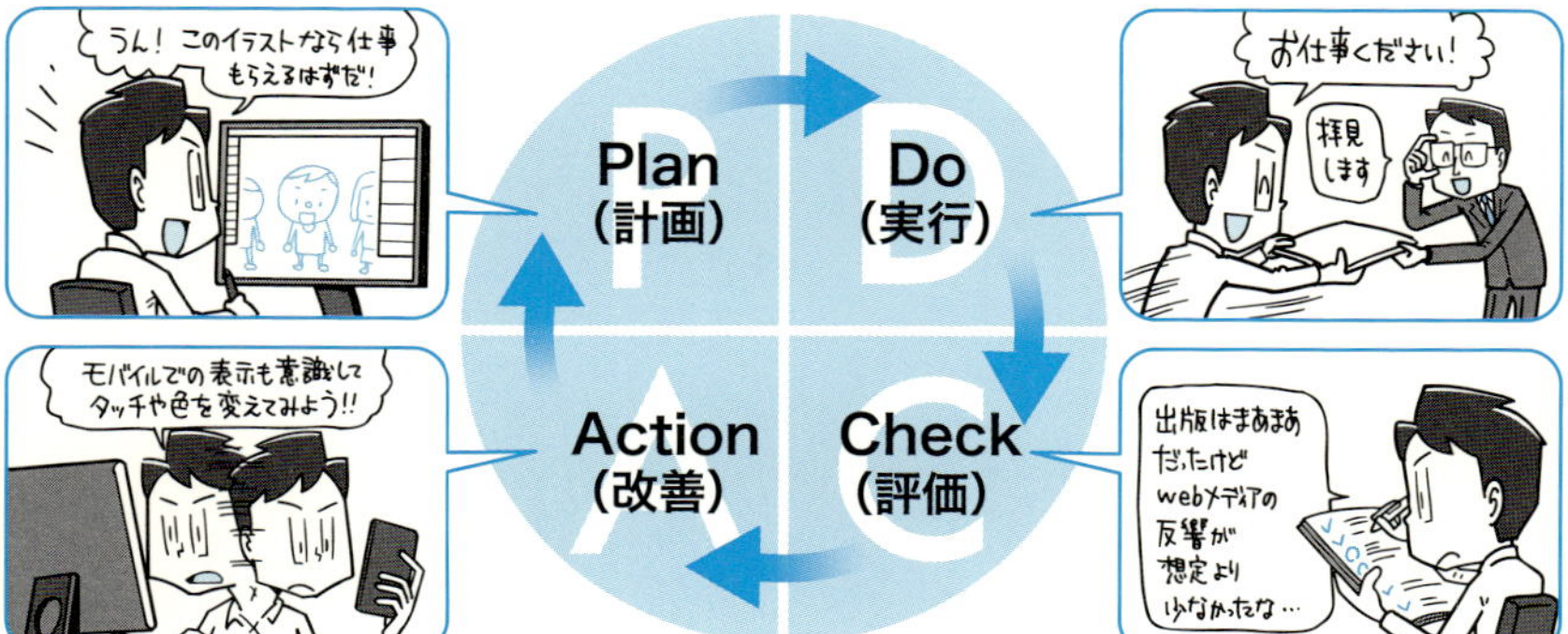

質について

質（クオリティ）が足りているかどうかは、自分自身ではなかなか判断しにくい要素です。

まずは、営業を通して先方から様々な意見を聞いてみましょう。先方が望むクオリティを満たしていないと判断された場合は、その声に真摯に耳を傾けます。可能なら、どの点が不足しているか、どこを改善すればいいかも聞けるといいですね。

今後の自分の商品のクオリティアップに活かしましょう。

量について

また、質だけでなく量も大事です。

イラストやデザイン、写真などを専門にする人で複数のスタイル（タッチや方向性）を持つ場合は、スタイルごとにそれなりの数のサンプルが必要になると考えましょう。そのほうがクオリティの平均値が見えやすく、先方も実際に使用するイメージが湧きやすいです。

もしサンプルが少ない場合は、点数を増やすことも意識してみてください。

たくさんの人のサイトやポートフォリオを見て、量や質の参考にしよう！

❷ マーケットを見直す

仕事が全く来ない場合、そもそもターゲットのマーケットが合っていない可能性があります。4時限目の頭を読み直して、ほかのマーケットも探してみましょう。

❸ 営業の方法を見直す

商品の質も量も十分でマーケットも合っているはずなのに仕事が来ないとしたら、営業方法に問題があるかもしれません。

丁寧になりすぎないこと！

よくあるのは、ひとつひとつの営業に丁寧になりすぎて、十分な数の営業ができていないというパターンです。

営業で最も大事なのは「**ひとりでも多くの人に自分（と自分の商品）を知ってもらうこと**」なので、質よりも断然量を優先すべきです。ポートフォリオのファイルや印刷にこだわりすぎる必要もありません。

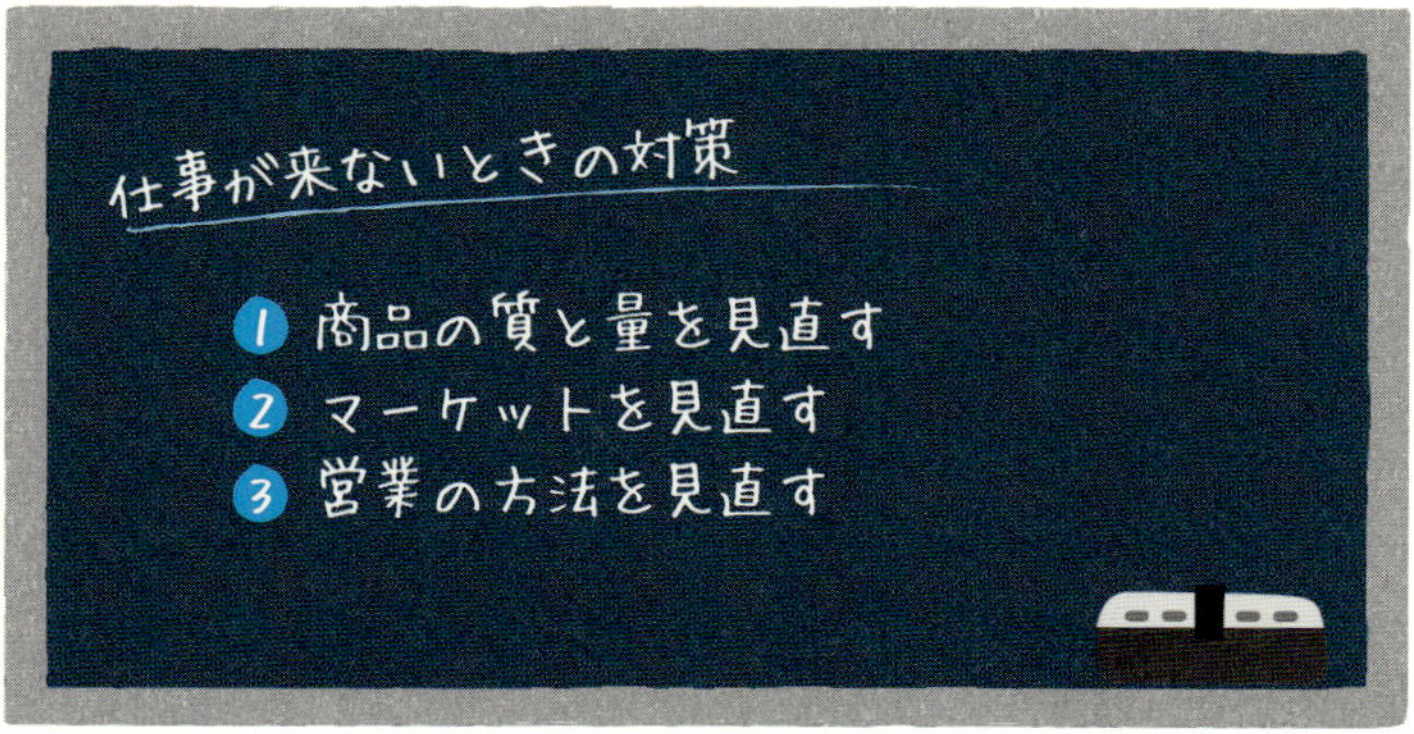

Column 9

BtoB と BtoC の違いを理解しよう

BtoC や BtoB という言葉を聞いたことはありますか？　BtoC（ビー・トゥ・シー）とは「Business to Consumer」の略で、対個人消費者のビジネスを、BtoB（ビー・トゥ・ビー）は「Business to Business」の略で、対企業のビジネスを指します。

イラストの仕事を例に挙げると、個人の依頼主から「自宅に飾るための愛犬のイラスト」を依頼されれば BtoC ですし、企業から「会社案内パンフレットや名刺などに使うためのイラスト」を依頼されれば BtoB、ということになります。

さらに BtoB は「BtoBtoB」と「BtoBtoC」に分けることができます。クライアントである企業のビジネスが個人消費者に向けたものを BtoBtoC、企業に向けたものを BtoBtoB と呼びます。

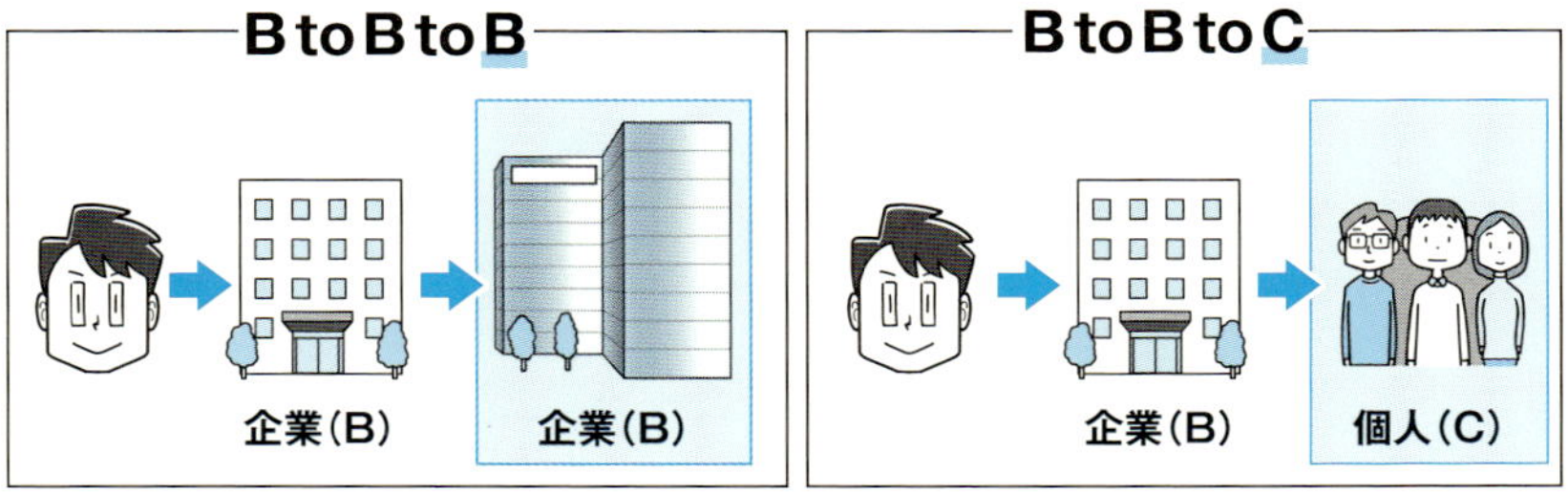

BtoBtoC は人目に触れるビジネスであるため、マーケティングもそれほど難しくありません。それに対し、BtoBtoB は普段の生活からは全く見えないところで展開されているビジネスなので、マーケティングの難易度が高いのが特徴です。しかし、BtoBtoB は最も大きくお金が動くビジネス形態でもあります。うまく訴求に成功すれば、BtoC や BtoBtoC の比にならない高単価の案件を継続的に得ることも可能です。

❸ 健康管理をする

健康管理にも気をつけています。できるだけ生活が不規則にならないように心がけ、睡眠はきちんととる。どうしても夜中しかできない作業もあったりしますが、そんなときは昼間に仮眠したりしています。

自宅だからできることですが、進行中の仕事が一段落したら、次の仕事に取りかかる前に必ず休憩を挟むようにしています。頭の切り替えにもなりますし、仕事が一段落してからの休憩なので気持ちも安定します。お昼休憩の時間が決まっている会社ではできない、フリーランスならではの良い休憩の取り方です。

わたしの営業方法

私の場合は、ほとんどが人からの紹介です。フリーランスになりたての頃は、友人から「こんなことできる？」と依頼をいただき仕事をしていました。それが知り合いの知り合い……といった具合に紹介で広がり、現在に至ります。また異業種交流会やクリエイターの交流会に参加して、名刺交換などから取引が始まったクライアントもいます。

意外なのは、**デザインとは無関係のお仕事やお手伝い、相談などが最終的に「デザインをしてほしい」という依頼につながることもある**ということです。困っている人を放っておけない性格なので、普通なら断ってしまうような相談にも積極的に乗ることがあり、そういった小さいことから信頼関係ができて仕事につながることもあります。そんな風に、自分のやり方で仕事を取ることができるのもフリーランスの強みです。

フリーランスを目指す人へアドバイス

フリーランスは、**すべて自分の思いどおりにできることが一番のメリット**です。子育てしながらゆるく働くことも、稼ぎたいからしっかりたくさんの案件をこなすのも、すべて自分次第です。制作費などを安くするのも、納得のいく費用をもらうのも自分次第。高く見積もっても仕事が取れなかったら、お客様があなたの仕事にその価値がないと判断しているというだけです。

Webはその性質上、納品後の修正作業や追加作業がどうしても発生しやすい仕事です。ひどいときは何度も修正がかかってなかなか納品できなかったり、データ待ちなどで予定外の時間がかかることがあります。そうなると請求もできず、予定の期日に収入が見込めないこともあります。こういったことにならないように、特に初めてのお客様には**「修正は○回まで」「納品後の修正は別途費用がかかります」「納期がお客様都合により延期になる場合は、半分請求」など契約時に盛り込んでおく**とトラブルになりにくいです。

特典PDFではインタビューのノーカット版を掲載しています。

教えて先輩！ ❹

色々な職種のフリーランスの
先輩にインタビューしました。

Webデザイナー
稲田 千弥子 さん

職　業	Webデザイナー
フリーランス歴	15年
前　職	大手印刷会社でアシスタントデザイナー（半年）→ サーフショップで販売、Webとグラフィックデザイン（2年）
主な仕事内容	Webサイトディレクション、Webデザイン・サイト構築（HTML/CMS構築）、グラフィックデザイン

仕事をするときこころがけていること

❶ 誠実な対応を心がける

- 納期や時間、約束事は絶対守る
- わからないことは素直に聞き、間違ったことや失敗したことは謝る
- できないことは「できない」と言う

仕事するうえでは当たり前のことですが、意外とこういった基本的なことができていないフリーランスもたくさん見てきました。私はここだけは絶対守りたいと思っています。

❷ 新しいことへのアンテナを張っておく

常に新しい情報や技術にアンテナを張っておくことも大事です。可能なら勉強して身につけたり、取り入れたりしてみます。

過去に２年間くらい、ただただ忙しく仕事ばかりして情報を見るのもつらい時期がありました。その後、久しぶりに勉強会に参加したり展示会に行ってみたところ、２年間のブランクは思った以上に大きく、完全に「浦島太郎状態」でした。**新しい情報を吸収することは頭が疲れるかもしれませんが、仕事に前向きになり、新しい提案のためのアイデアにもなります**。そう気づいてから、また楽しいと思えることが増えてきました。

営業は失敗を恐れず数を打て！

5時限目
仕事の進め方

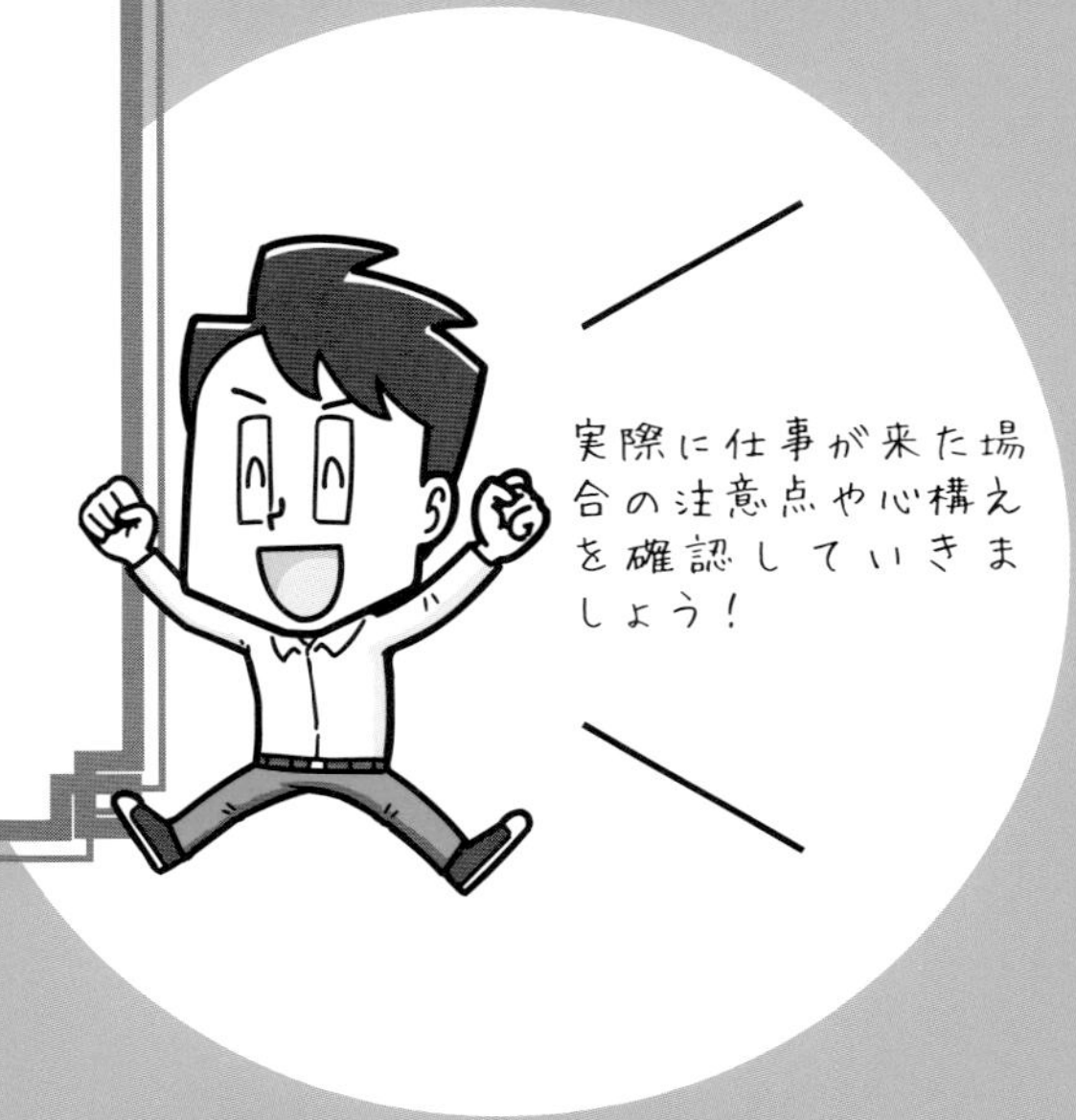
実際に仕事が来た場合の注意点や心構えを確認していきましょう！

01 依頼～打ち合わせ

マーケティングや営業が功を奏して仕事の依頼が来たら、まずは心から喜びましょう！

しかし、こういうときこそ冷静さを保たなければいけません。なぜなら、契約を成立させるにあたっていくつかの重要な要素を確認したり、時には先方と交渉をする必要があるからです。

そして場合によっては、残念ながら依頼を辞退したほうがいいこともあります。

1 仕事の依頼が来るパターン

初めてのクライアントから仕事が来る場合、そのクライアントは下記のように分類できます。

❶ 営業先
❷ 人づての紹介
❸ ネットなどで自分を知ってくれた人または企業

また、一般的に仕事依頼が来る連絡手段として、次のような経路があります。

- **A 電話**
- **B メール**
- **C ウェブサイトのコンタクトフォーム**
- **D SNS**

フリーランスとして活動を始めたら、こうした窓口は常にチェックできる状態にしておきましょう。

2 最初の連絡で確認すべき事項

仕事をもらえたことに舞い上がって、ふたつ返事で引き受けてしまうのはよくありません。あとあと揉めたり、不利な条件に泣き寝入りせざるを得ない場合もあるからです。**契約内容をしっかり確認して、条件を明確にしてから、その案件を引き受けるかどうか検討しましょう。**

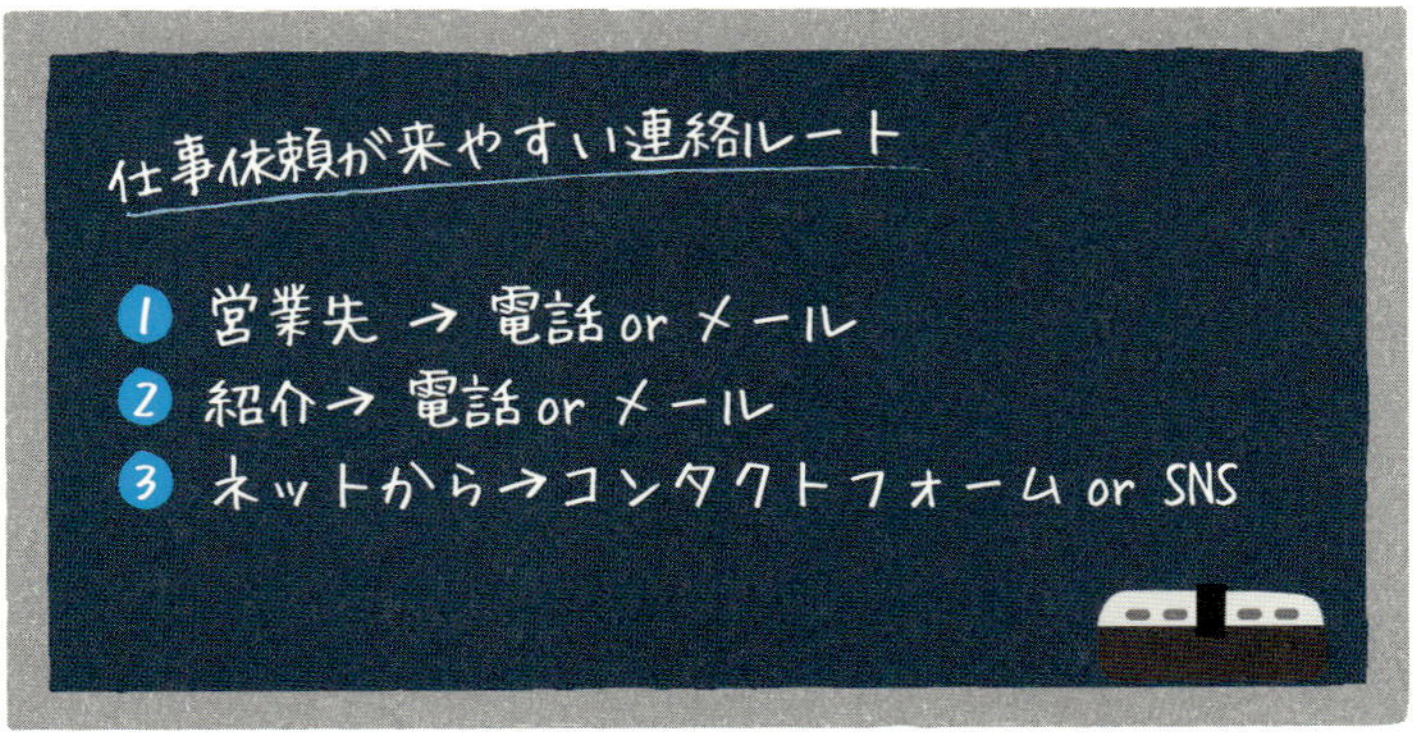
仕事依頼が来やすい連絡ルート
1 営業先 → 電話 or メール
2 紹介 → 電話 or メール
3 ネットから → コンタクトフォーム or SNS

職種や案件の種類にもよりますが、次の11要素を確認できれば、トラブルが発生する可能性をかなり低くできるはずです。最初のメール返信で一度に全部確認するのが難しい場合は、何度かやり取りしていく中でヒヤリングしていきましょう。

● 最初の連絡で確認すべき事項

❶ 内容
自分が担当する業務の概要を分かる限り詳細に確認する（イラスト作成、執筆、撮影、ウェブサイト制作など）
❷ 用途
❶を使う場所や目的を確認する（雑誌、書籍、看板、社内報など）
❸ 使用期間
イラストや写真など自分が著作権を保有し、その使用権を販売する際はあらかじめ使用期間を決めておく。特にwebの場合は決めておかないと半永久的に使用されることになるので、それに見合った金額にするか、使用期限を決めて定期的に更新料が発生する契約にしておくこと
❹ 量やサイズ
案件の規格（イラストや写真の点数やサイズ、記事の文字量、時間拘束される仕事なら時間や日数など）
❺ スケジュール
締切日や中間報告日の確認
❻ 打ち合わせや現場同行の有無
成果物の制作だけでなく、打ち合わせや現場同行の有無を確認する。必要な場合は相応の料金や交通費などの上乗せを交渉しよう
❼ 修正回数
イラストやデザインやライティングなど修正が発生しやすい案件は、先に金額内での修正回数を設定しておこう。超過した場合は追加料金が発生する契約にしておくと、トラブルが防げる
❽ web公開やポートフォリオへの使用の可否
自分の携わった仕事としてウェブサイトなどで公開したり、営業用ポートフォリオに掲載してもいいかを確認しておこう。公開できるほうが後の仕事のプロモーションにもなるので望ましい。公開できない場合は金額（❿）を高めに設定する理由にもなる
❾ 著作権の扱い
著作権が発生する案件の場合、著作権の扱いについても確認すること。原則として著作権譲渡は避けたいところ（186頁参照）
❿ 金額
❶～❾を踏まえて金額を決める。先方の予算を先に聞いたうえで交渉するのが望ましい（152頁参照）
⓫ 入金日
案件クローズ後の支払いのタイミングは、クライアントによって異なる。都度確認しておくと、未払いなどのトラブルにも早く気づける

これはあくまで一例です。案件や職種ごとに異なるので、各自でアレンジしてください。

契約内容は必ずメールで残すこと！

これらの条件は電話や口頭ではなく、**必ずメールでのやり取りで確認しましょう。**万が一トラブルが発生しても記録さえあれば、言った言わないの水掛け論は避けられます。最悪訴訟のような事態に発展してしまった場合も、それが契約内容の証拠として効果を発揮します。電話でやりとりした場合はその内容をメモして、**電話が終わった直後に先方にその内容をメールで送って間違いがないか確認してもらい、**了解を得ましょう。

SNSのメッセンジャーも、証拠記録として一応は有効です。しかしチャットツール（SlackやChatworkなど）は自分の投稿を編集できてしまうので、証拠としては使えません。**チャットツールをメインに使用する案件でも、こうした契約内容の条件などは別途メールでやりとりして記録に残してください。**

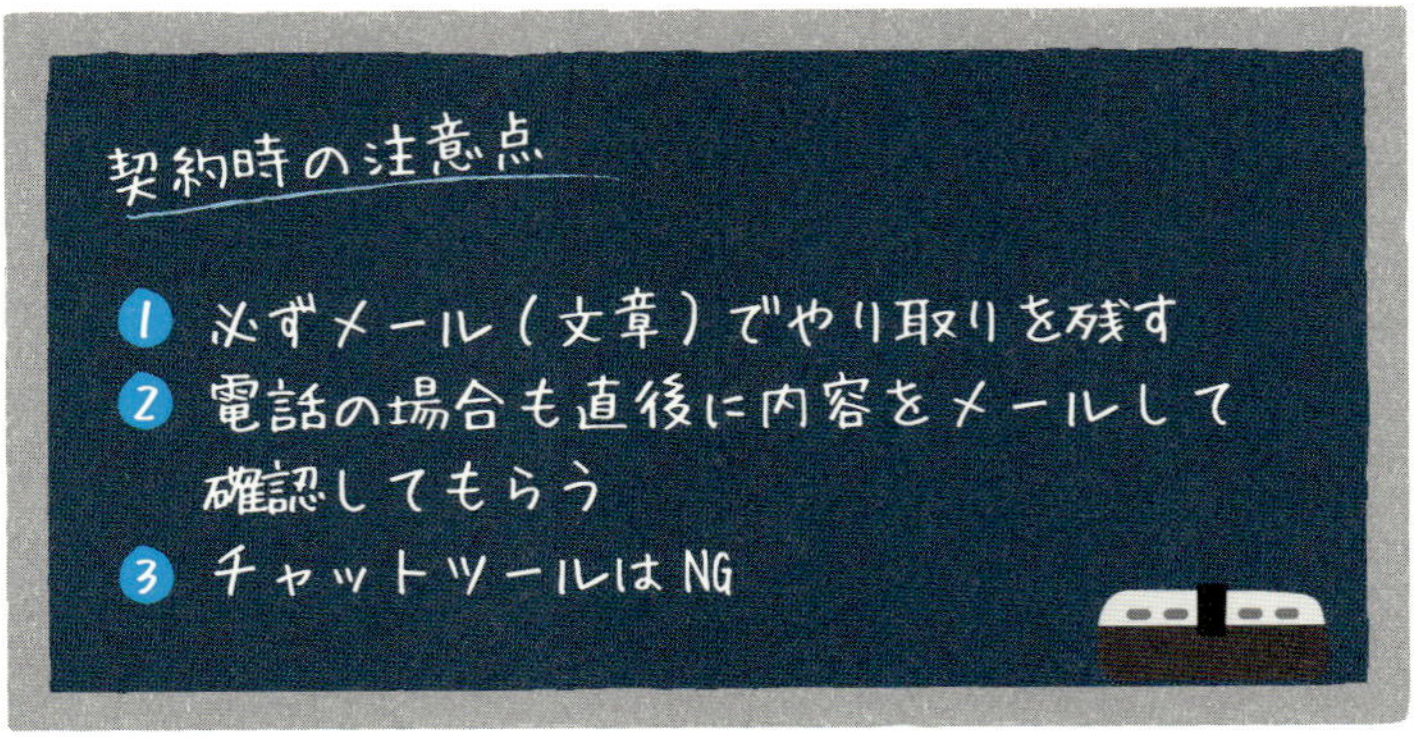
契約時の注意点
1 必ずメール（文章）でやり取りを残す
2 電話の場合も直後に内容をメールして確認してもらう
3 チャットツールはNG

3 見積もりが必要な場合の注意点

クライアント側から予算が提示されずに、こちらから見積もりを出してほしいと要求される場合もあります。

まずは相手の予算を聞いてみる

私はクライアントに「見積もりを出してほしい」と言われたら、「もしすでにご予算が決まっている場合は、ご希望の額をお知らせください」と逆に返しています。

たとえば、打診された案件の内容を確認して「この案件なら10万円で受けたいな」と思ったとしましょう。そしてその額をすぐに伝えずに「予算をお知らせください」と返すと、その回答は次の3パターンが想定されます。

❶ 10万円ぴったり
❷ 10万円より高い
❸ 10万円より安い

❶の場合は「ではその額でお引き受けします」と即答すればいいですね。

❷の場合も、最初に自分が想定していた10万円という額は伝えることなく、相手の提示してくれた額で受ければOKです。そこで正直に「10万円でけっこうです」とディスカウントするよりも、提示された金額をありがたく受け取って、相手の期待以上の仕事をするように心がけましょう。

想定した金額より安かったときは

❸の「自分の想定した金額より安かった」場合の判断は、ケースバイケースです。提示された金額を見て、次の要素を検討してみましょう。

- **想定した金額よりどれだけ安いか**
- **値上げ交渉をするか**
- **安くても引き受けるメリットがあるか**

たとえばその案件自体が安くても、取引先として関わりを持っておきたいクライアントなら引き受けるメリットがあるといえます。

そうでない場合はきちんと希望額（この場合は10万円）を伝えたうえで金額交渉をし、どうしても金額が折り合わない場合は毅然と断る勇気を持つことも、時には必要です。

安い案件の上手い断り方

駆け出しフリーランスの人から「上手い断り方を教えてください」と相談を受けることがあります。たしかに、せっかく仕事を依頼しようとしてくれている相手に対して断りの意思を伝えるのは気まずいですよね。

でもそういうときこそきちんと感謝を伝えたうえで、**引き受けられない理由と辞退の意をストレートに伝えるべき**でしょう。それが相手に対してもっとも誠実な対応だからです。

もちろん「今月はスケジュールが詰まっていて……」「競合する商品の企画に携わっているので……」など、悪意のない嘘をついて相手を傷つけずに断ることもできます。しかし、もし自分が相手の立場だったら？　と考えると、嘘でごまかされるよりもストレートに理由を話してくれたほうが、「もう少し条件が揃ったらまたお願いしよう」と思えるのではないでしょうか。

しつこく値下げされたら……

もし執拗に値下げを要求してくるクライアントがいたら、「このクライアントだけ値下げをしてしまったら、高い金額を払ってきちんと評価してくれているほかのクライアントに対して失礼である」と考えましょう。場合によっては相手に伝えたほうがいいこともあります。

そうした誠実な対応の一つひとつが、長く信頼し合える良いクライアントとの関係を築き、ひいては業界全体の環境をより良くしていくのです。

Column 10

対面での打ち合わせは絶対に必要？

もちろん初めての取引先や担当者と、顔を合わせて挨拶をすることは大事です。直接会うことによって信頼関係が深まったり、相手に安心を与えることもできます。

しかし打ち合わせというものは、たいていはフリーランス側が時間を割いて相手のところに出向くことが多いもの。無駄な時間とは言いませんが、その時間を制作の時間に充てることができれば、理論上は成果物のクオリティが上がるといえます。

● 打ち合わせも省略できる時代

私はフリーランス４年目あたりから、クライアントに「打ち合わせをしたい」と呼び出されたら、「まずは案件の概要と資料をまとめてメールで送ってください。それを拝見したうえで、打ち合わせが必要かどうか判断させていただけませんか」と提案するようにしていました。その結果、８～９割方は対面の打ち合わせをすることなく案件が進行しました。

クライアントの中には、依然として「直接会わないと信用できない」「対面で打ち合わせすると円滑に仕事ができる」という人もいます。しかし、それでは企業が集中している東京近郊在住のフリーランスとしか取引ができません。近年はスカイプなどのビデオ通話サービスの発達により、かつてに比べると直接対面で打ち合わせをする必然性は薄れています。地方在住者はテクノロジーを最大限に活かして、このハンデを補いましょう。

● フリーランスへのセクハラ問題

クライアントの担当者がたいした用もなく、異性のフリーランスを打ち合わせと称して頻繁に呼び出すケースもよく耳にします。こうした場合も、上記のような対応で無用な打ち合わせを回避して、自分の貴重な時間を守りましょう。

万が一それによって案件がなくなることになっても食い下がらずに身を引き、ほかのクライアントを探しましょう。そもそもその相手は、自分の仕事を評価してくれているわけではないということです。

一時的に売上が落ちたとしても、毅然な態度で対応するほうが、長期的には絶対に自分のキャリアのためになります。

4 打ち合わせ

クライアントとの打ち合わせで気をつけることは、基本的には133頁で説明した持ち込み営業の際のマナーと同様です。

ただ一点だけ違うのは、営業のときは自分からの一方的な仕事のPRのために相手の時間を割いてもらっていたのに対して、打ち合わせは**すでに相手が自分の商品やスキルを必要としている、ある意味では対等な関係**だということです。受注側としての感謝や敬意を表することはもちろん大事ですが、それと同時に堂々と自信を持って臨みましょう。

5 契約を確認しよう

「契約」というものは、**発注者と受注者の双方が合意のうえで債権債務関係になった時点で成立します**。よって、実は口頭やメールでも契約は成立します。

しかしトラブルになったときに、調停の場などで口頭での契

契約書を発行しないと契約が成立しない」と思われがちだけど、それは間違い。契約はメールや電話でのやりとりでも発生し、契約書はその内容を証明するためのものであるということを覚えておこう！

約内容を証明することはほぼ不可能であり、そういった際に**証拠として最も有効なのが契約書**なのです。とはいっても、様々なクライアントから細かい案件を無数に受けるフリーランスが、案件ごとに契約書を交わすのは難しいものです。

そこで、**常に契約書と同等の内容（150頁参照）をメールで送り、同意の返信をもらうことで、契約成立の証拠記録を残す**ことをおすすめします。

クライアントから送られてきた契約書のチェックポイント

ここまでは、自分側からの契約書や契約内容について見てきました。しかし実際には、契約書は**クライアント側から発行されるケースのほうが圧倒的に多い**です。

「契約書を発行してもらえるなら、自分で契約書を作らなくて良いので助かる」と思うかもしれませんが、必ずしも良心的なクライアントばかりではないので油断はできません。時にはこちらに不利な条件が盛り込まれた契約書が、何の説明もなく「署名と捺印をして返送してください」と一筆添えられただけで送られてくることもあります。**契約書はどれだけ内容が多く難解でも、その内容をよく理解・吟味したうえで署名捺印をする**必要があります。

次からのページでは、イラストレーター向けに発行された契約書を例に、注意すべき点を確認していきます。

詳細

契約書サンプル

「クライアントから契約書が送られてきたけど、注意すべき点が分からない」「自分で契約書を作成したいが、どうしたら良いか分からない」という人のために、契約書のサンプルを用意しました。各項目の注釈を参考にして、クライアントとの契約で自分が不利にならないようにしましょう。

監修

坂野 史子 弁護士・弁理士

理系の弁理士・弁護士。メーカー研究所，特許事務所（弁理士）を経て，弁護士登録。特許・意匠・商標・著作権等の知的財産権に特に注力しており，クリエイター支援も積極的に行っている。

委託される業務の内容を明確化しましょう

委託料及びその支払方法を規定しましょう。できれば変更などがあった場合の対応のために、委託料を増額できることを規定しておくと望ましいです

イラスト制作業務委託契約書

○○株式会社(以下「甲」という。)と○○(以下「乙」という。)は、次のとおり業務委託契約(以下「本契約」という。)を締結する。

第１条(委託業務)

甲は、「○○」（以下「本書籍」という。）に使用するイラスト制作業務(以下「本件業務」といい、本件業務により制作されるイラストを「成果物」という。)を乙に委託し、乙はこれを受託する。

第２条(委託料の支払い)

1　甲は、乙に対し、本件業務の委託料として、乙による成果物の納入完了月の翌日末日までに、金○○円を乙の指定する銀行口座に振り込んで支払う。振込手数料は甲の負担とする。ただし、甲の指示の変更その他やむを得ない事情がある場合等には、甲と乙は協議をして、委託料を増額することができる。

2　甲からの依頼により乙が出張する場合、甲は乙に対し、宿泊費、交通費等の実費及び１日当たり金○○円の日当を支払う。

第３条（納期）

成果物の納期は○年○月○日とする。ただし、やむを得ない事情がある場合等には、甲と乙は協議をして、納期を伸張することができる。

第４条（再委託の禁止）

乙は、事前に甲に書面による承諾を得た場合を除き、本件業務を第三者に再委託できない。

納期を規定しましょう。できれば変更等があった場合の対応のために、協議のうえで納期を伸張できることを規定しておくと望ましいです

第５条は（成果物の利用）または（権利の帰属）のいずれかを記載します。（成果物の利用）は利用許諾の記載例です。成果物の著作権・著作者人格権は原始的には創作者に帰属します。（成果物の利用）の記載例の場合、著作権は譲渡していないので創作者に帰属します。二次著作物などについては、「対価も含めて別途協議する」とするのが望ましいです。
（権利の帰属）は、著作権を譲渡する場合の記載例となります

第５条（成果物の利用）

甲は、本書籍に利用する目的で、印刷物、電子書籍、ウエブサイト等において、成果物を利用することができる。ただし、成果物の本書籍への利用に関連しない商品化その他の利用及びその対価については、甲と乙が協議の上で、条件を取り決める。

第５条（権利の帰属）

1　本契約に基づいて甲が制作した成果物に関する著作権（著作権法27条及び28条に関する権利を含む）は、成果物の納品時から乙から甲に移転する。ただし、乙が本契約以前に制作していたイラストの著作権はこの限りではない。

2　乙は、甲及び甲が指定する第三者に対し、著作者人格権を行使しない。

3　乙は、本書籍の刊行後、成果物を自己のポートフォリオとして公表することができる。

著作者人格権は譲渡することができないので、権利を行使しないとするのが通常です

著作権は譲渡することができますが、翻案権（著作権法 27 条）・二次著作物の利用に関する原著作者の権利（著作権法 28 条）は特掲《とっけい》しなければ譲渡したことにならないので、括弧書きで特に記載されています

著作権を譲渡した場合でも、ポートフォリオで公表できるように規定しておくことが望ましいです

※ 乙には、成果物について瑕疵担保責任があります（民法634条）。瑕疵担保責任の存続期間は、2020年４月に改正債権法が施行されるまでは「仕事の目的物を引き渡した時から１年以内」です。2020年４月に改正債権法が施行されると「知った時から１年以内」となります（民法637条）。

秘密保持は、保持する秘密を明確化すると安心です

第6条（秘密保持）

1　甲及び乙は、本契約に関連して知り得た相手方の機密情報（文書等の有体物を開示する場合は「Confidential」「秘」またはこれに準じた表示を付したもの、又は情報開示者が口頭にて情報受領者に開示する情報であって開示の時点で機密である旨指定されかつ開示後10日以内に相手方から機密である旨書面で通知されたものに限る。）を事前に相手方の書面による承諾を得ない限り、第三者に開示したり、漏洩したりしないものとする。ただし、上記機密情報の開示の時点で次の各号の一に該当する場合は機密情報に含まれない。

(1) 既に公知のもの又は自己の責に帰すことのできない事由により公知となったもの

(2) 既に保有しているもの

(3) 守秘義務を負うことなく第三者から正当に入手したもの

(4) 相手方から書面により開示を承諾されたもの

(5) 機密情報によらずに独自に開発したもの

2　甲及び乙は、前項の機密情報を本契約に関する目的以外に使用しない。

第7条（表明保証）

1　乙は、甲に対し、本契約の成果物が第三者の著作権を侵害するものではないことを保証する。

2　甲は、乙に対し、本件業務のために提供する素材が、第三者の著作権を侵害するものではないことを保証する。

第8条(損害賠償)

乙及び甲は、相手方が本契約に違反した場合には、当該相手方に損害賠償を請求することができる。ただし、その額は委託料を上限とする。

クリエイター側の表明保証が無理のない範囲か確認しましょう

できれば損害賠償額の上限を設けておくと安心です

クライアントに素材を提供される場合は、著作権を侵害するものではないことを保証してもらうと安心です

第９条（反社会的勢力の排除）
第10条（解除）
第11条(譲渡の禁止)
第12条（協議事項）
第13条(合意管轄)

木契約締結の証として本書２通を作成し、甲及び乙記名押印の上、各自１通を保有する。

年　　　月　　　日

（甲）○○株式会社
住所　○○○○○○○○○○○○
代表者代表取締役　○○○○　印

（乙）○○○○
住所　○○○○○○○○○○○○
氏名　○○○○　印

契約書のわかりにくさに拒絶反応を示すフリーランサーも多いけど、自分に不利な契約を避けるためにも、頑張って理解しましょう！

【参考文献】
・大串 肇他「クリエイターのための権利の本」（株式会社ボーンデジタル　2018）
・田島正広代表編著「業種別ビジネス契約書作成マニュアル」（日本加除出版株式会社　2015）
・阿部・井窪・片山法律事務所編「契約書作成の実務と書式」（株式会社有斐閣　2014）
・中山信弘「著作権法第２版」（株式会社有斐閣　2014）
・弁護士法人内田・鮫島法律事務所「技術法務のススメ」（日本加除出版株式会社　2014）

02 制作～納品～入金

受注が確定し、打ち合わせや最初の指示のやり取りが終わると、いよいよ実際の作業に入る段階です。

1 モチベーションの上げ方と心構え

❶ 気負いすぎない

受験にたとえるならば、仕事を受注できたということはもう受験当日の朝のようなものです。悪あがきをしたり無駄な不安に駆られるよりも、今まで自分が積み重ねてきたものを信じ、リラックスして取りかかりましょう。心身のコンディションを整えて、良い仕事をできる状態に持っていくことが最優先です。

普段から、「コーヒーを一杯飲むと仕事モードに入れる」「この曲を聴くと気持ちが落ち着いて

集中できる」「散歩をするといいアイデアが生まれて創作意欲が高まる」というような、自分のスイッチを見つけておくのもおすすめです。プレッシャーを感じるときこそ、平常心で淡々と仕事に取り組めるよう、自分をコントロールしましょう。

② 完璧を求めない

Facebook本社内の壁に書かれたモットーのひとつに「**Done is better than perfect（完璧を目指すより、まず終わらせろ）**」という有名な言葉があります。

もちろん仕事や成果物のクオリティが高いに越したことはありませんが、完成度にこだわるあまり〆切に間に合わないとしたら、それは本末転倒です。時間をいくらでもかければ、素人でもいいものが作れます。プロの仕事というのは**限られた時間内でどれだけイメージに近いものを作れるか**が大事なのです。

③ 仕事を楽しもう！

最も大事なのは、**楽しむこと**です。最初はプレッシャーを感じ、力んだり萎縮してしまうでしょう。でも、そんなときこそ

● 集中するためのスイッチ（著者の場合）

仕事に集中できる曲を500曲以上集めた私のプレイリストをブログで公開中。是非聴いてください！
https://genki-wifi.net/spotify_list
①コーヒー
②イヤホン
(AirPods)
③音楽
(Spotify)

一度冷静になって、**自分が仕事を楽しめる環境や状況を作る**ようにしてみましょう。

特に「好きなことを仕事にしたい」という思いでフリーランスになった人は、その動機がそのまま良い仕事につながります。初心を忘れずのびのびと臨むのが、良い仕事をするコツです。

2 時間のマネジメント術

❶ タスクを分類して効率化を図ろう

複数のタスクを抱えているときは、「時間的優先度」と「環境的優先度」で分類しましょう。

時間的優先度

❶ 〆切や進捗報告のスケジュール
❷ 曜日や時間帯（クライアントの出勤時間やネットに投稿する時間帯など）
❸ 時間帯による集中力や分野の向き不向き（朝は頭が回るので執筆、夜は◯◯など）

環境的優先度

❶ 使用するデバイスによる優先度（Macでないとできない作業、紙と鉛筆でできる作業など）
❷ 場所による向き不向き（アイデア出しはカフェ、データ作成は自宅のMacなど）

私の仕事の場合、使用するデバイスによる優先度は下図A〜Dのように分類できます。ある一日の私のタスクが次の❶〜❹だとすると、それらは次のように割り振ることができます。

❶イラストの仕上げ作業（Adobe Illustratorを使用）
⇓A デスクトップマシンでやる作業
❷記事原稿の執筆（Googleドキュメントを使用）
⇓B ノートパソコンでもできる作業
❸すでに完成している漫画のSNSへの投稿
⇓C iPhoneでできる作業
❹漫画のネーム（ラフ案）作成（シャープペンとコピー用紙を使用）
⇓D 紙とペンさえあればできる作業

「大は小を兼ねる」ような感じで、AはB〜Dを兼ねますが、だからこそB〜Dを明確にすることが大事です。優先度を意識することなく❹の作業を家でやってしまうと、そ

A デスクトップマシンでやる作業

・イラストの仕上げ
・写真加工
・動画編集

B ノートパソコンでもできる作業

・イラスト作成
・マンガ作成
・ブログ執筆

C iPhoneでできる作業

・SNSへの投稿
・情報収集
・メールチェック／返信
・ブログ記事作成
・読書

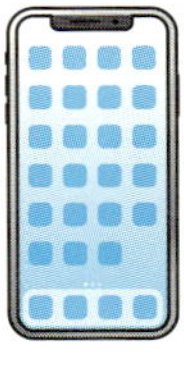

D 紙とペンさえあればできる作業

・マンガのネーム／ラフ
・イラストのラフ
・アイデア出し
・絵の練習／スケッチ

の後の外出時のちょっとした時間にやれる作業がなくなってしまい非効率……ということにもなるからです。

こうして生活全体を仕事に最適化して効率化できるのも、フリーランスの強みのひとつです。

❷ アウトソース（外注）できるものは積極的に利用しよう

ある程度ビジネスが軌道に乗って経済的余裕が生まれたあとの話になりますが、**アウトソース（外注）できる部分は他人に仕事を振ってしまって、自分にしかできない業務のみに集中する**のも効率化に有効です。

アシスタントに頼む

インターネットの発達に伴い、イラスト、デザイン、漫画、ライティング、動画編集などのオンラインでやり取りできる作業は、離れていても依頼可能になりました。また仕事が発生したときだけ依頼できるようになったので、アシスタント導入の障壁は格段に下がったといえます。

● アウトソースすれば本業に集中できる

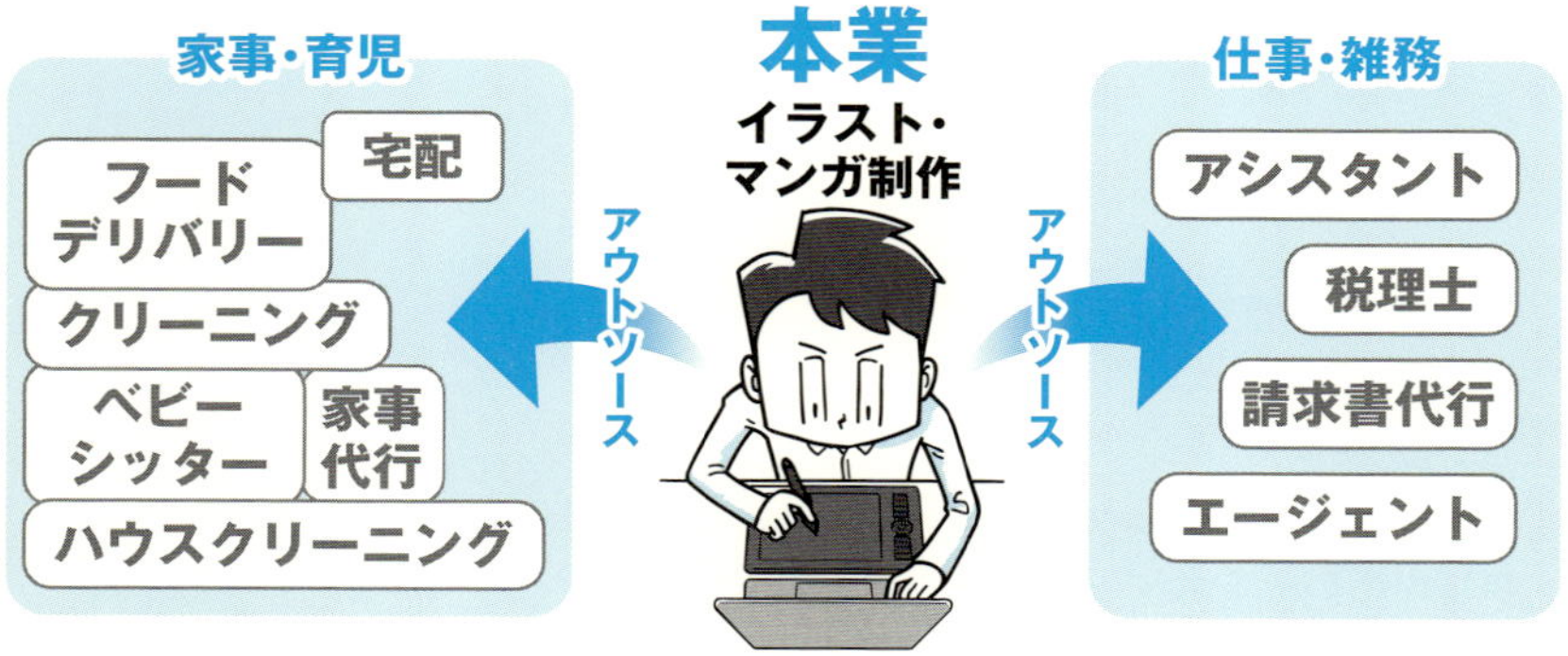

専門分野の業務でも、自分ではなくても成立する作業をアシスタントに任せてしまうことで、本当に自分がやるべき業務に集中できます。

代行業者に頼む

また本業の業務以外にも、エージェントに登録して営業業務を代理してもらったり、確定申告などの税務を税理士に依頼したり、ウェブサービス（misocaやfreeeなど）で請求書の発行や発送を代行してもらうことで、本業に割く時間を捻出することもできます。

そしてさらには、一見仕事と無関係の掃除・洗濯・食材や食事のデリバリーなど、家事や育児も外部に依頼することで時間を節約できます。

3 納品時・納品後の注意

制作系の案件は、ひととおりの作業を経て成果物が完成し、クライアントから最終的なＯＫが出たら、それを納品して終

● アウトソースの一例

業務	●アシスタント ●エージェント（営業・ディレクションの代行） ●税理士 ●請求書代行サービス
自動化	●食器洗浄機 ●ロボット掃除機 ●洗濯乾燥機
家事	●クリーニング ●家事代行 ●食事の出前 ●ベビーシッター ●ネットスーパー

了となります。ただし、ここにも注意点があります。

❶ 納品時のファイル形式や仕様に気をつける

たとえば同じ画像データにも種類があり、それらは拡張子（.jpg、.png、.gif、.eps、.psd、.aiなど）で識別されます。場合によってはこのファイル形式を、ソフトのバージョンを指定して保存するものもあるので、**相手の環境に互換性のあるファイルを送りましょう。**

ファイル形式や仕様はクライアントから指定されることが多いですが、クライアント側にそういう知識がない場合は、指定がないこともあります。ですから案件開始時に、必ず**先方がデータをどのような目的で使用するのか**をヒヤリングしましょう。相手の環境に適したファイル形式や仕様を把握したうえで作業に取り掛からないと、最悪の場合そこまでの作業が無駄になってしまうこともあります。

❷ セキュリティには細心の注意を！

納品するデータは**クライアントの機密情報を含んでいることもあるので、取り扱いに十分注意しましょう。**

たとえば、未発表のコンテンツに使われている記事やイラストが、自分の不注意でＳＮＳに流出して多くの人の目に触れてしまったとします。これは**クライアントに大きな損害を与えることになり、最悪の場合、損害賠償を請求される可能性**があります。

制作期間中から納品後公開日に至るまでのデータの扱いには十分注意し、また自分が制作した成果物を自分のウェブサイトやSNSなどで公表することも控えましょう。掲載の可否や時期については、その都度クライアントに確認を取るのが望ましいです。

③ メール添付で大きなデータを送らない

基本的には、次の目安を守ってください。

- **メール添付で送るデータは2〜3メガバイトまで**
- **それ以上のファイルは転送サービスを利用して送る**

④ 納品後のデータの扱いについて

納品した商品やデータは保管しておく

デジタルデータは「納品」といってもコピーを渡すだけなので、オリジナルデータは自分の手元にも残ります。このデータ

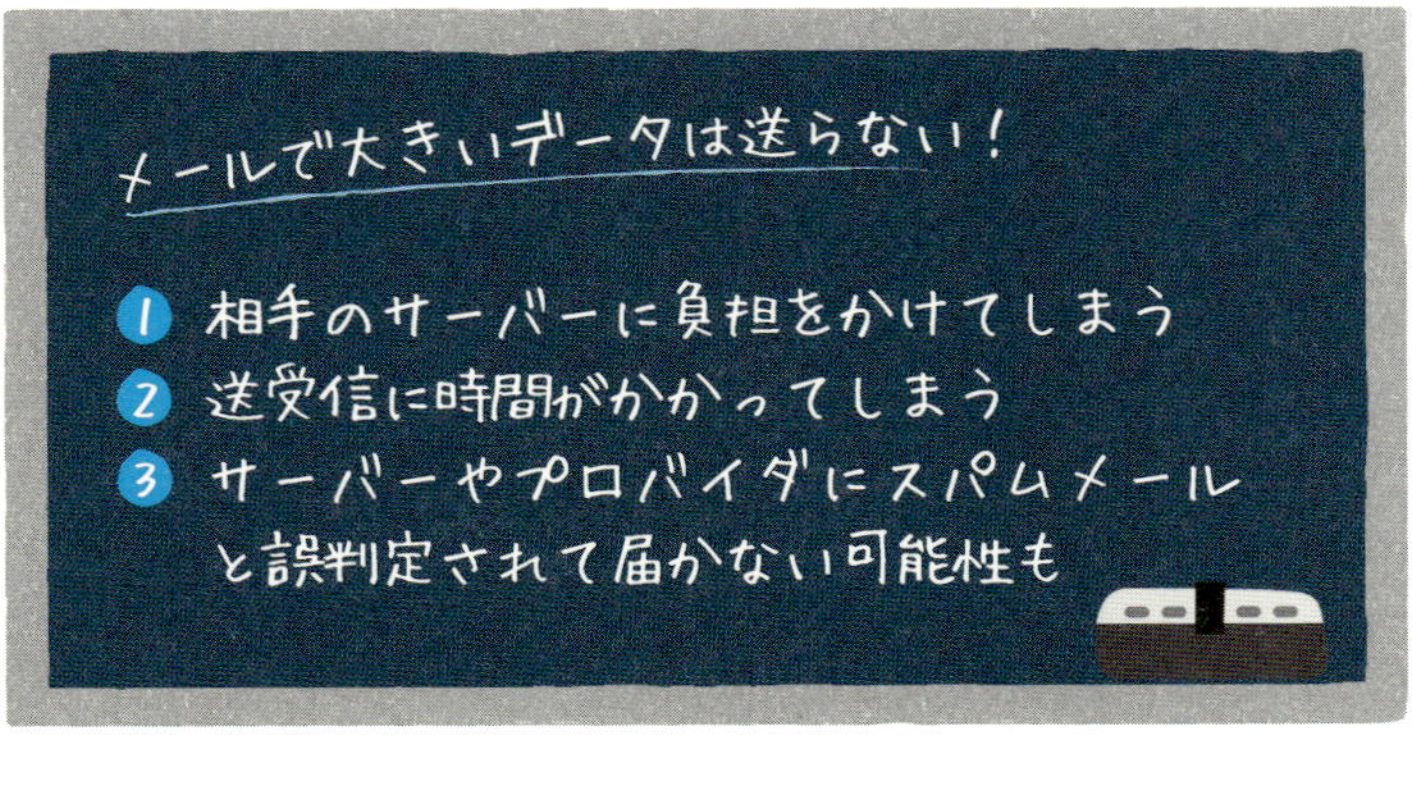
メールで大きいデータは送らない！
1 相手のサーバーに負担をかけてしまう
2 送受信に時間がかかってしまう
3 サーバーやプロバイダにスパムメール
と誤判定されて届かない可能性も

は次に挙げるような状況に備えて、納品後も必ず長期間保管しておきましょう。

- **クライアントによるデータの破損・紛失**
- **将来の同一クライアントからの再利用依頼**
- **他案件への部分流用（著作権侵害のない範囲で）**
- **自身の実績サンプルとしてウェブサイトやポートフォリオに掲載**

データ保管の際の注意

保管の際に注意すべき点もいくつかあります。

❶ 必要なときにアクセスしやすいよう、整理しておく
❷ 必ずバックアップを取っておく

日頃からデータを整理しておけば、過去データが突然必要になってもすぐにアクセスできます。

また突然パソコンが壊れても焦らないよう、大事な自分の財産である作品や成果物を守るためにバックアップを取っておきましょう。

4 請求書を発行する

問題なく納品が済んで案件がクローズしたら、クライアントに請求書を発行します。請求書は市販のもので十分ですが、自作するなら次頁のサンプルを参照して、必要記入事項をきちんと入れましょう。

なお、受注のタイミングで入金日を確認できていない場合は、**遅くともこの請求書発行のタイミングでクライアントに確認してください。**

請求書発行の代行サービスも便利

請求書の発行・発送のネット代行サービスもあります。有料のサービスですが、166頁でもお話ししたように、ある程度本業で稼げるようになったら可能な部分は外注して、本業に専念する時間を増やしたほうが効率的です。

またクラウドサービスを利用すれば、出張先や旅先などからもパソコンやスマホで請求書を発行・発送できるという利点もあります。

- **個人事業主向け クラウド見積・納品・請求書サービス「misoca」**
  https://www.misoca.jp/

● 請求書サンプル

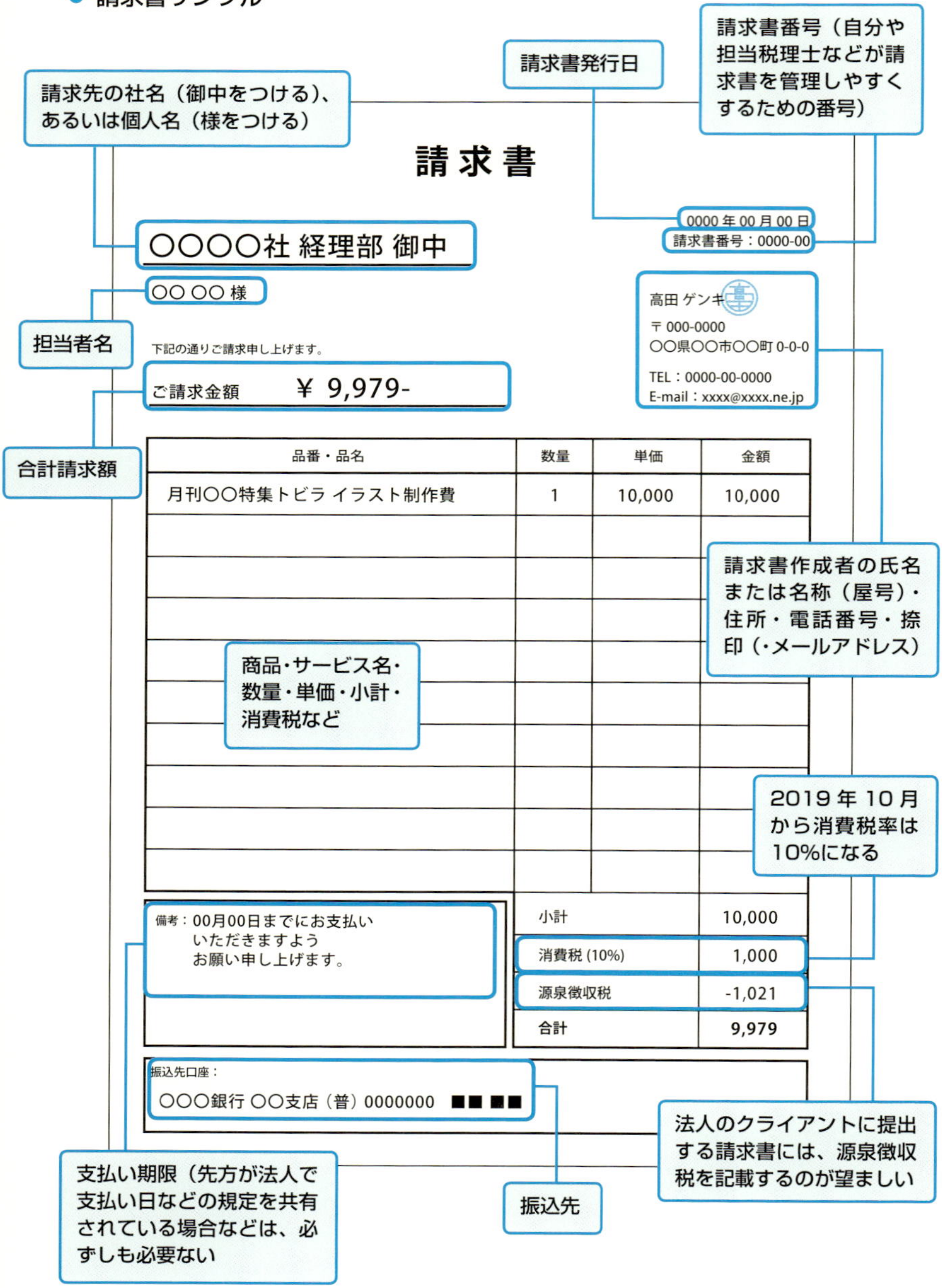

請求書

0000年00月00日
請求書番号：0000-00

〇〇〇〇社 経理部 御中

〇〇 〇〇 様

高田 ゲンキ
〒000-0000
〇〇県〇〇市〇〇町 0-0-0
TEL：0000-00-0000
E-mail：xxxx@xxxx.ne.jp

下記の通りご請求申し上げます。

ご請求金額　¥ 9,979-

品番・品名	数量	単価	金額
月刊〇〇特集トビラ イラスト制作費	1	10,000	10,000

備考：00月00日までにお支払い
いただきますよう
お願い申し上げます。

小計	10,000
消費税 (10%)	1,000
源泉徴収税	-1,021
合計	9,979

振込先口座：
〇〇〇銀行 〇〇支店（普）0000000 ■■ ■■

5 入金確認をする

たいていは請求書発行の翌月末に、指定の口座に振り込まれます。事前に契約書でよく確認しておきましょう。

期日になっても入金されていない!?

もし入金が確認できないときは、1〜2日様子を見てみます。それでも振り込まれていなければ、クライアントに連絡してみましょう。

ほとんどは、先方の手続きミスや振込日の認識の伝達ミスによる「**未払い**」であることが多いです。だいたいは入金の催促や、入金日の再確認などで解決できます。

しかし、稀に「**不払い（相手が故意に支払いをしないこと）**」の可能性もあり得ます。その場合は毅然とした対応をしていかなければいけません（詳しくは180頁参照）。

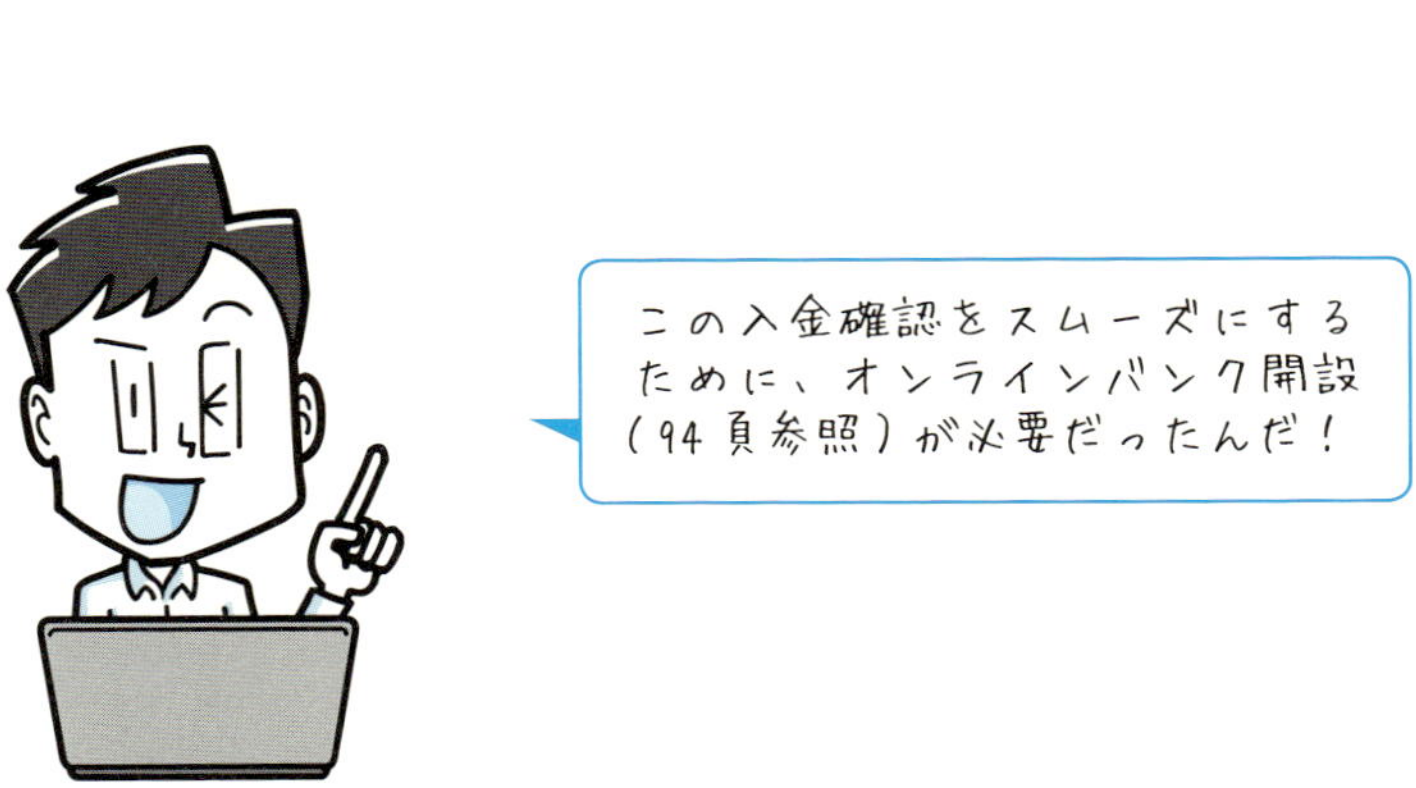
この入金確認をスムーズにするために、オンラインバンク開設（94頁参照）が必要だったんだ！

03 確定申告

フリーランスは年に一度、確定申告をする必要があります。確定申告という言葉にはネガティブなイメージを持っている人が非常に多く、「フリーランスにはなりたいけど、確定申告が不安」という理由で独立に二の足を踏んでいる人もいるほどです。

しかし、**確定申告はその基本概念さえ理解してしまえば、それほど複雑ではありません。**

1 実はそれほど難しくない確定申告

確定申告とは、**フリーランス（個人事業主）が一年の収入や支出などを計算して所得を確定し、その申告書を税務署に提出すること**です。

フリーランスが仕事の報酬として得るお金は「売上」ですね。

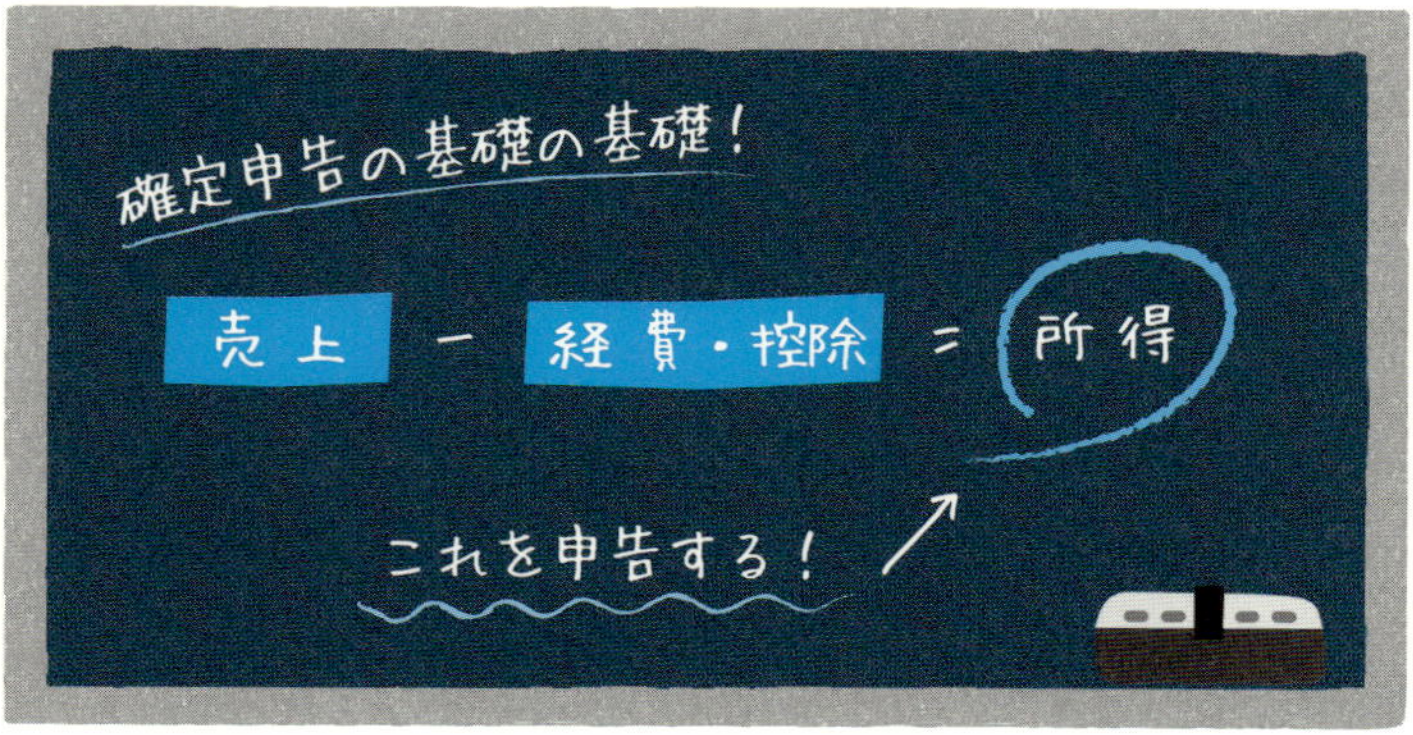

確定申告の基礎の基礎！
売上 − 経費・控除 ＝ 所得
これを申告する！

この**「売上」**から**「仕事のために使ったお金（＝経費）や控除」**を差し引いた金額が**「所得」**となります。

所得税率は所得の額によって異なるので、**所得が確定した時点で所得税率と所得税額が決定し、その額の所得税を支払う義務がある**ということです。

源泉徴収と還付申告

法人のクライアントと仕事をする場合は、「**源泉徴収**」といって**報酬が支払われる際に所得税を差し引いた額が振り込まれる**のが一般的です。簡単にいえば、**売上額の10・21％がクライアントによって税務署に前納されている**ということです。

よって、確定申告で経費などを差し引いた所得を申告することで、**払いすぎてしまった税金を取り戻す**ことができます。これを「**還付申告**」、戻ってくるお金のことを「**還付金**」と呼びます。

図解 確定申告

確定申告が全く分からない…という人のために、
その概念を分かりやすく図解してみました。
これさえ理解すれば怖くない！

アドバイザー
藤原 淳 税理士
証券会社→税理士法人（BIG4）→投資助言会社を経て開業した変わり種税理士。筆者とは小学生時代から30年来の友人。

確定申告と還付申告

確定申告と還付申告の概要や違いについての図解です。ここでは例として年間の売上（その1年で発生した案件の合計額）が500万円の場合の計算方法を説明します。

確定申告

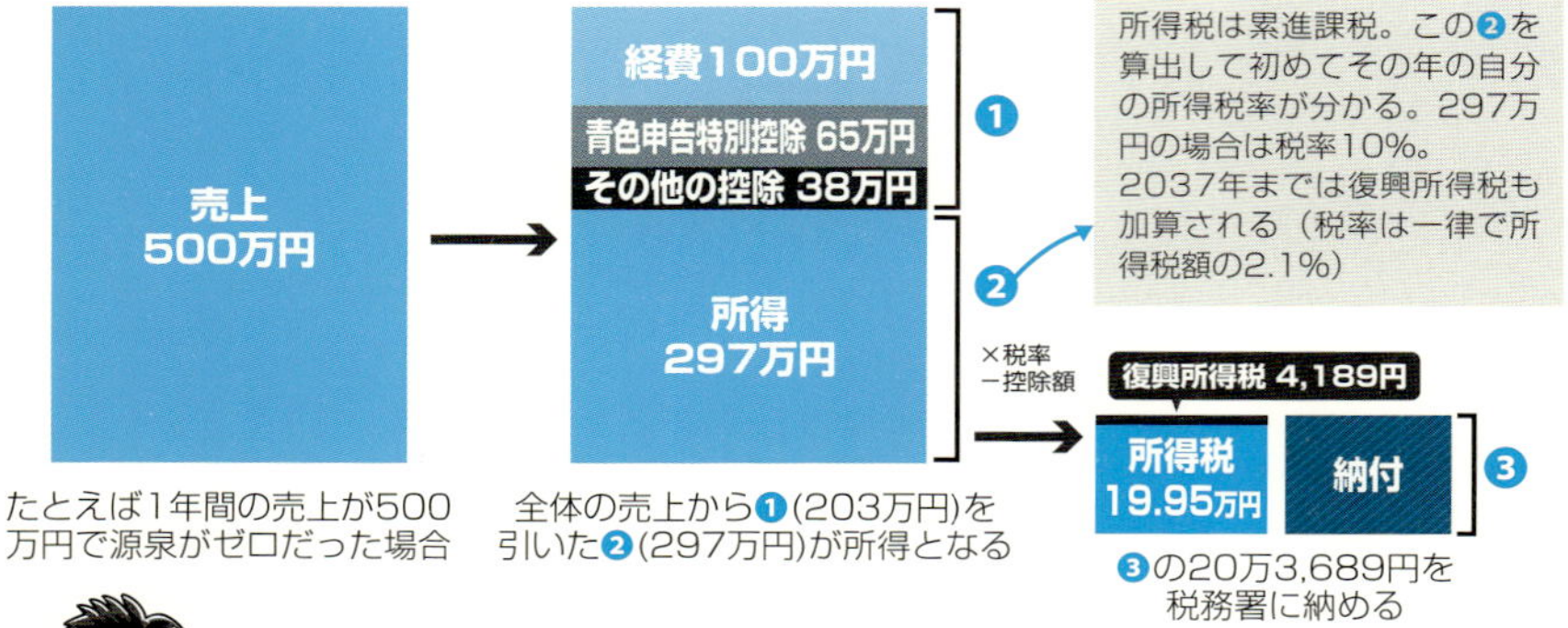

つまり、売上から経費や諸々の控除を差し引いて計算して**所得税額を算出し書類を作成して、税務署に申告する作業**を確定申告といいます。

還付申告

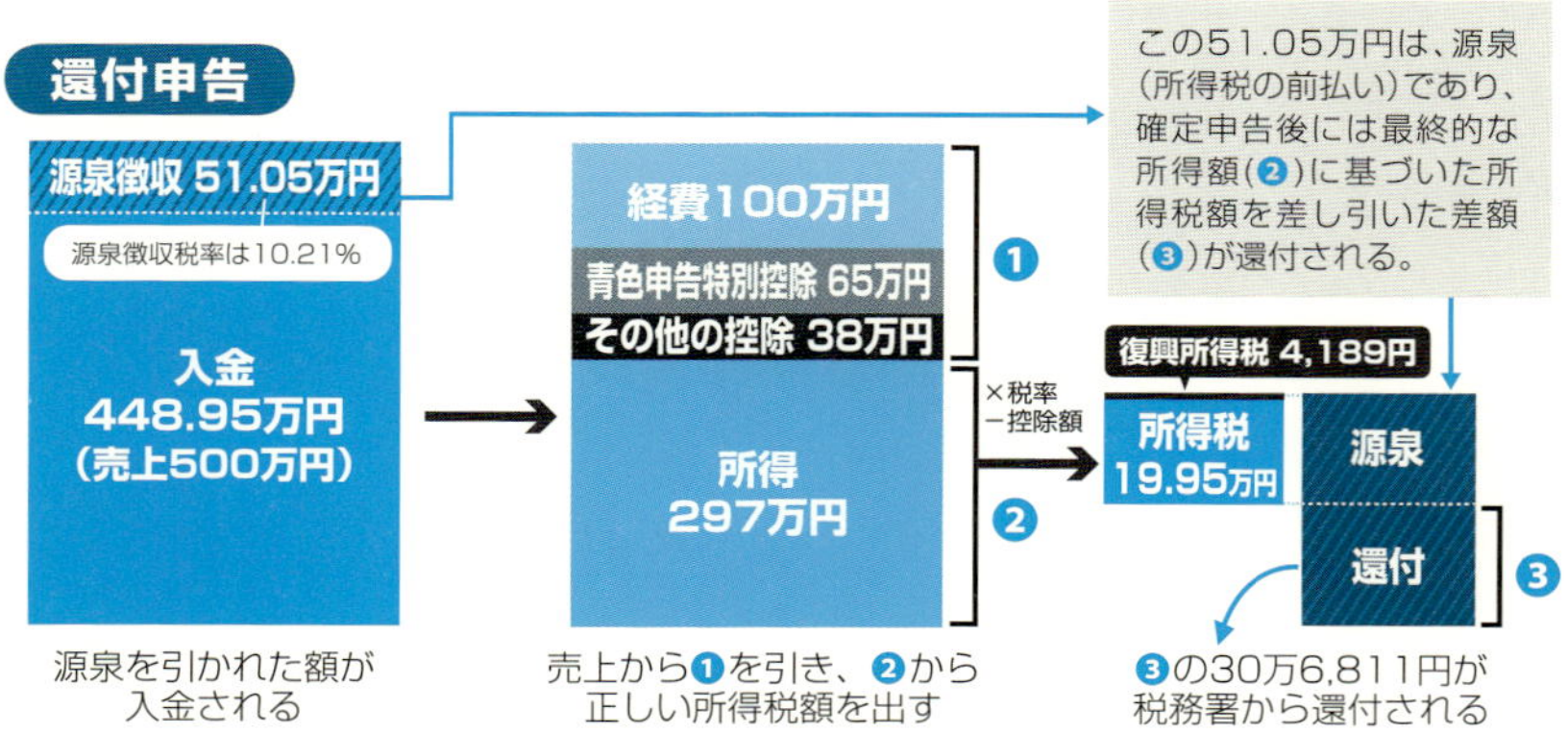

還付申告といっても、2種類あります。
Ⓐ そもそも確定申告する必要のない人向けの還付申告
Ⓑ 確定申告する必要があるけど還付がある還付申告
基本的にフリーランスはⒷで、申告期限は3月15日まで。自分がⒶⒷのどれか不明なら、とりあえず3月15日までに提出しましょう。

確定申告の流れ

❶ 開業届・青色申告承認申請書を税務署に提出する（開業時）

※ P80 参照

このときに税務署でe-TaxのIDとパスワードを取得しておくと良いよ！

❷ 会計ソフトを導入する

クラウド型会計ソフトは「freee」と「マネーフォワード」が業界２強

どちらも使いやすいソフトだけど、初心者にはfreeeがおすすめ！

❸ １年（１月１日〜12月31日）の所得を計算

この計算に❷のソフトが必要になる。提出期限(3月15日)直前に慌てることのないように、日頃から領収書などを整理して帳簿をつける習慣をつけておきたい

サボると期日ギリギリに慌てることに…

❹ 確定申告書類を作成する

作成する書類は「青色申告決算書」と「確定申告書Ｂ」の２つ。国税庁HPの確定申告作成コーナーでも作成できる

控除額確保のためにもe-Taxがおすすめ。基本的には税務署に行かなくてOK！

❺ 書類を税務署に提出・申告（２月16日〜３月15日）

提出する書類は❹で作成した「青色申告決算書」と「確定申告書Ｂ」に加えて「控除証明書」、「源泉徴収票」など

提出方法はこの３つ

・e-Tax　・郵送　・税務署に直接持参

❻ 納税（３月15日／振替納税は４月中旬）

納付方法は振替納税（銀行引き落とし）、電子納税（インターネットでの納付）、現金納付、クレジットカード納付がある

2020年以後の青色申告特別控除は55万円になる。ただし、e-Taxで提出すれば65万円になる

❻ 還付

還付申告の場合は、確定申告のあと１ヵ月〜１ヵ月半後あたりに還付金が振り込まれる

freee
専門知識の不足はIT（会計ソフトや請求書作成サービス）で補える！
まずは自分でやってみよう！
おー！
うんうん！

2 「白色申告」と「青色申告」、どっちがいいの？

確定申告には、白色申告と青色申告の2種類があります。よく「最初は白色。売上が増えたら青色」なんて言う人もいますが、これは全く根拠がありません。最初から青色でOKです。

❶ 2014年から白色申告も青色同様に記帳が義務化になったので、手間が変わらない
❷ 青色申告でしか受けられない控除がある
❸ 駆け出しで収入が低くても、青色申告なら繰越控除がある

つまり**青色申告は白色申告と手間は変わらず、なおかつ受けられる控除が多い**ので、結果的に節税効果が高いということになります。言わずもがな、フリーランスの確定申告は青色申告一択ですね。

そして、この青色申告をするために、開業時に開業届と青色申告承認申請書を提出しておく必要があるというわけです（80頁参照）。

白色申告にするメリットはもはや何もないので、青色申告を選ぼう！

3 自力でやるか？ 税理士に依頼するか？

こうした確定申告の手続きは、税理士にすべて任せることもできます。もちろん安くはありませんが（一般的にフリーランスが丸投げした場合は10～15万円が相場）、166頁でもお話ししたとおりアウトソースして本業の時間を捻出すると考えれば、これもひとつの投資といえます。

ただし、確定申告に関して何も理解していない状態で最初からすべて頼るのはあまりおすすめできません。**自分のビジネスや税に関するお金の流れはある程度自分で把握し、そのうえで必要に応じて専門家に任せるのがベスト**です。

また依頼するにしても、税理士の当たり外れや相性によって、効率性や節税の度合いが大きく異なります。良い税理士に巡り会うには、次のような方法で探していくしかありません。

- **インターネットで検索して複数あたってみる**
- **同業者やほかのフリーランスから紹介してもらう**

自分なりに工夫して、相性の良い税理士を見つけましょう。

04 困ったときは

フリーランスは会社員と異なり個人で活動するので、トラブルが起きても自分で対処しなければなりません。非常に面倒なトラブルが起こることもありますが、事前に対策を知っておけば、実際に直面しても冷静に対応できます。

前提として覚えておいてほしいのは、**トラブルに直面し自分で解決できないときは、ひとりで抱え込んではいけない**ということです。前もって相談するべき窓口を調べておき、早い段階で専門家に相談しましょう。

1 「未払い」と「不払い」

多くのフリーランス仲間から最も多く聞くのが、この「未払い」「不払い」問題です。

泣き寝入りしないための知識を持っておこう！

「未払い」と「不払い」の違い

よく混同されますが、これらの最も大きな違いは、**相手の支払い意志の有無**です。**相手の手続きミスや失念によるもの（こちらから指摘すれば支払ってもらえるもの）を「未払い」**、**相手に支払いの意志がなく故意に支払いをしていないものを「不払い」**と呼びます。

未払いの場合は、クライアントの担当者や経理担当者に連絡をすれば、たいていの場合は支払ってもらえます。厄介なのは不払いのほうです。

なぜ不払いが起きるの？

不払い問題は非常に多発しており、私の周囲でもかなり多くのフリーランスがその被害に遭っています。不払いの原因は、主に次のようなことが考えられます。

- **最初から相手に支払う意志がなかった**
- **案件進行中に相手の状況が変わり支払えなくなった**
- **成果物の出来が相手の期待に沿えなかった**

いずれの場合も、案件スタート時に特別な契約（「成果物のクオリティが依頼主の期待値に達しない場合は依頼主の支払い義務はないものとする」など）がない場合は、**作業をした時間や納品**

した成果物に対する正当な料金の支払いを受ける権利があります。泣き寝入りする必要はありません。

不払いに遭ったら……

❶ 支払いの催促要求をする

請求書を送っても支払いがない場合は、なるべく早い段階で相手方にメールや電話で確認をしましょう。たいていこのときの相手の対応で、未払いか不払いかが明確になります。

不払いかもしれないと思ったら、**契約書を交わしている場合は契約書の内容を、契約書がない場合はそのクライアントと該当案件に関して交わしたメールなどの記録の内容を確認**して、いざというときのために保管しましょう。

❷ 専門家に相談する・少額訴訟を起こす

相手に支払いの意志がないと思われた場合は、少額訴訟などの法的な手段も視野に入れて対応する必要があります。少額訴訟とは、**訴額60万円以下の金銭の支払いに関する簡易裁判所での裁判**です。

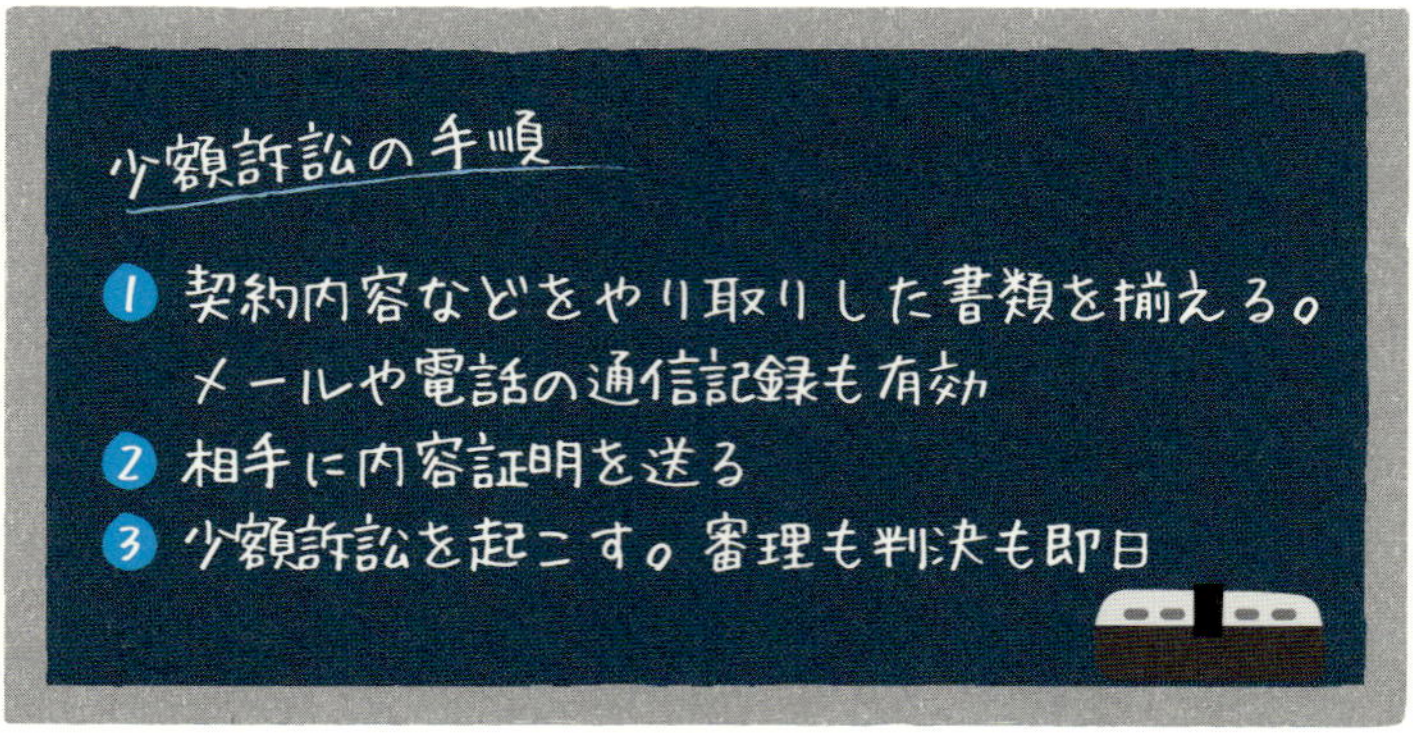
少額訴訟の手順
1 契約内容などをやり取りした書類を揃える。メールや電話の通信記録も有効
2 相手に内容証明を送る
3 少額訴訟を起こす。審理も判決も即日

この段階になると、法知識のないフリーランスがひとりで対応することは難しいので、なるべく早く専門家に相談しましょう。少額訴訟の代行は司法書士の専門分野です。インターネットで調べるなどして司法書士に連絡をし、まずは相談に乗ってもらいましょう。

2 著作権侵害

著作権とは？

クリエイターにとって、自分の作品は財産です。そして、その**財産を正当に守るために存在しているのが著作権**です。

絵、写真、音楽、文章などの成果物をクライアントに納品したあとも、**原則としてその著作権は制作者に帰属しています**。つまり、「納品」といってもほとんどの場合は作品そのものではなく、**その作品の使用権を販売しているだけ**なのです。

ですから、当初の契約範囲を超える使用に関しては、二次使用料などの追加料金が発生するのが普通です。著作権が存在することにより、このような大きなメリットがクリエイター（フリーランス）側に生まれるのです。

著作権侵害とは？

先ほどもお話ししたとおり、第三者に著作権を譲り渡す特別な契約（著作権譲渡）を交わした場合を除き、著作権は制作者に帰属します。よって、購入者（クライアント）は契約で定められた範囲でしかその作品を使用することができません。この**契約で定められた範囲を超えた無断使用のことを著作権侵害**といいます。著作権を譲渡しない場合、その案件に支払われる金額は、特定の雑誌・書籍、広告、ウェブサイトなどの**指定媒体でのみ使用するための使用料でしかありません**。のちにクライアントが指定媒体以外での使用を希望する場合は、そのつど二次使用料（だいたい初期費用の30～40％）を著作者に支払う義務があります。

つまり、この二次使用料を払わずに無断で指定以外の媒体で使うと、そのクライアントは著作権侵害をしたということになるのです。また、その

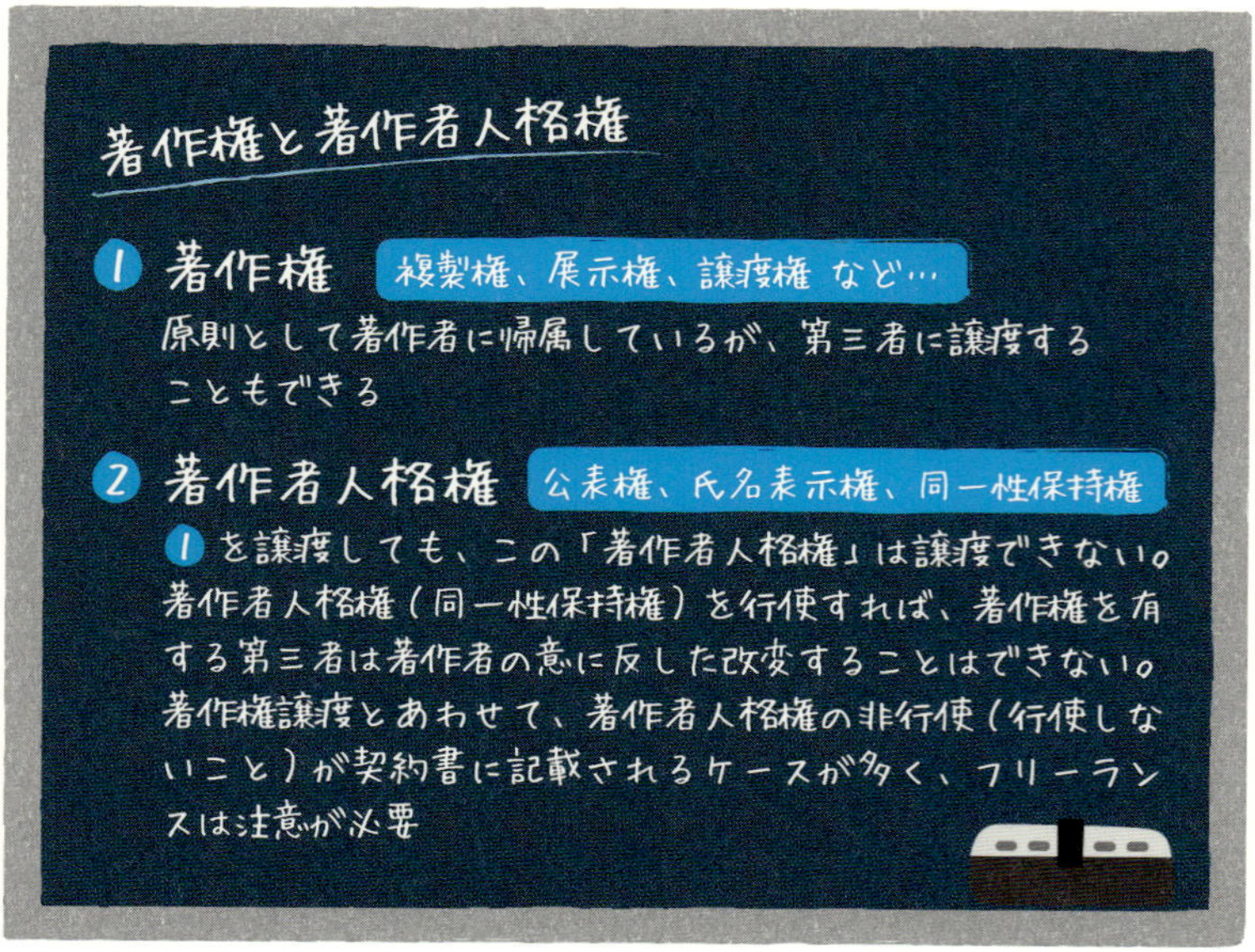

著作権と著作者人格権
1 著作権
複製権、展示権、譲渡権 など…
原則として著作者に帰属しているが、第三者に譲渡することもできる
2 著作者人格権
公表権、氏名表示権、同一性保持権
1を譲渡しても、この「著作者人格権」は譲渡できない。著作者人格権（同一性保持権）を行使すれば、著作権を有する第三者は著作者の意に反した改変することはできない。著作権譲渡とあわせて、著作者人格権の非行使（行使しないこと）が契約書に記載されるケースが多く、フリーランスは注意が必要

ほかにも次のようなことが著作権侵害の例として挙げられます。

- 著作物の無断改変
- 著作物のトレース（公開や商用利用を目的した場合）
- 無断複製やその複製物の頒布

著作権侵害を未然に防ぐために

仕事が発生したときや成果物の納品時には、購入者やクライアントと著作権の扱い（保持か譲渡か）や、その成果物の使用範囲について、きちんと確認しておきましょう。

著作権侵害は必ずしもクライアント側に悪意がある場合ばかりではなく、単に知識がないまま改変や複製をしてしまい、問題になるケースも多いです。フリーランス側から積極的に確認をすることで防げるトラブルもあるのです。

著作権侵害に遭ったら…

実際に著作権侵害が起きてしまった場合は、その旨を相手に伝えたうえで自分の要求をきちんと伝えましょう。たとえばイラストの無断使用による著作権侵害に対する要求としては、次のようなものが挙げられます。

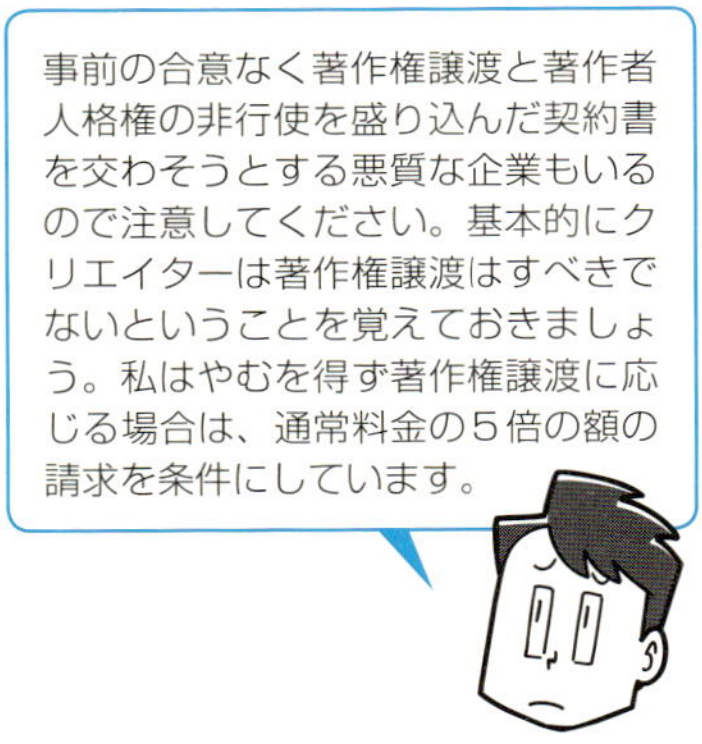
事前の合意なく著作権譲渡と著作者人格権の非行使を盛り込んだ契約書を交わそうとする悪質な企業もいるので注意してください。基本的にクリエイターは著作権譲渡はすべきでないということを覚えておきましょう。私はやむを得ず著作権譲渡に応じる場合は、通常料金の5倍の額の請求を条件にしています。

❶ **使用の中止と、これまでの使用に対する使用料の請求（あるいはそのいずれか）**

❷ **❶に加えて、無断使用による損害賠償**

案件の規模や損害の金額が大きい場合は、早い段階で知的財産に精通している弁護士に相談するのが得策です。

● 「著作権保持」と「著作権譲渡」の違い

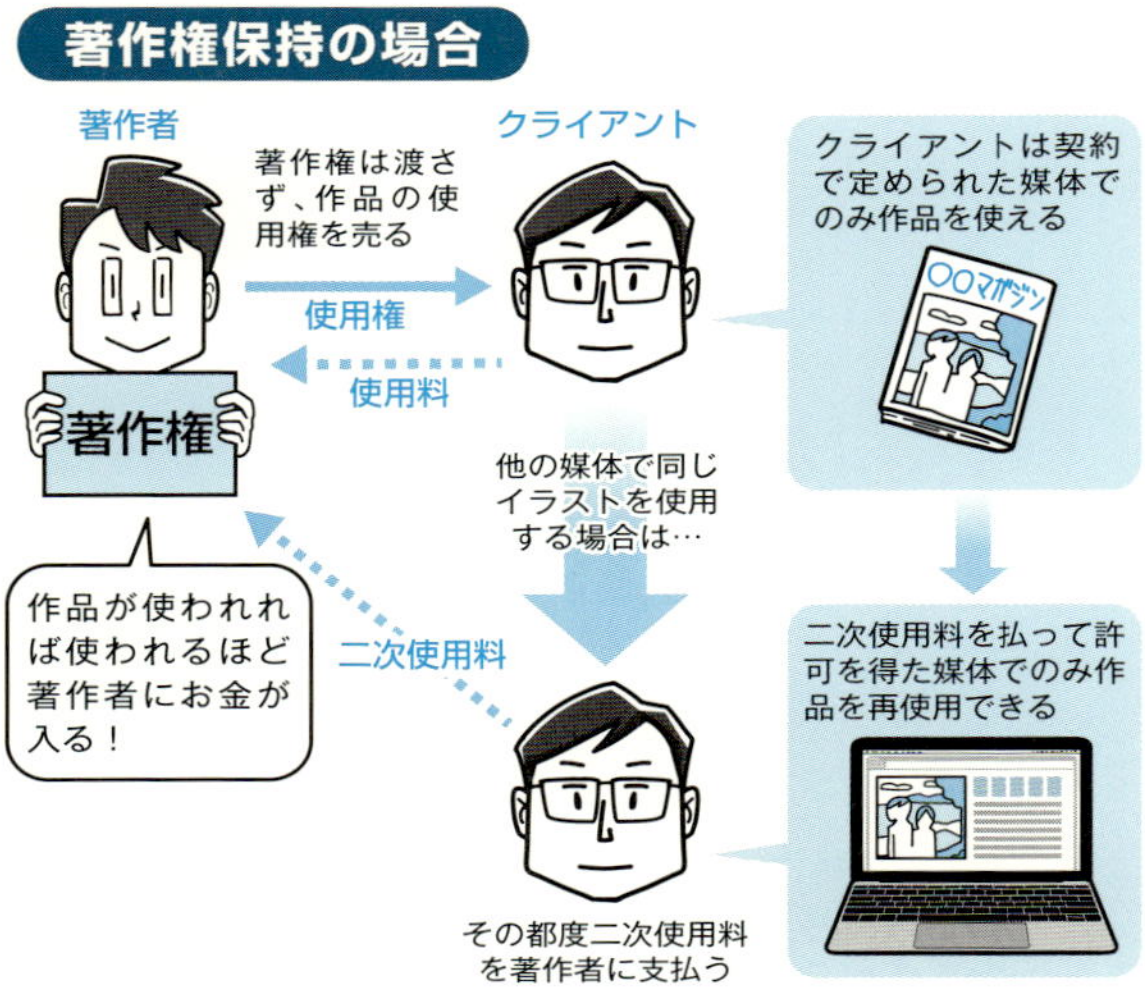

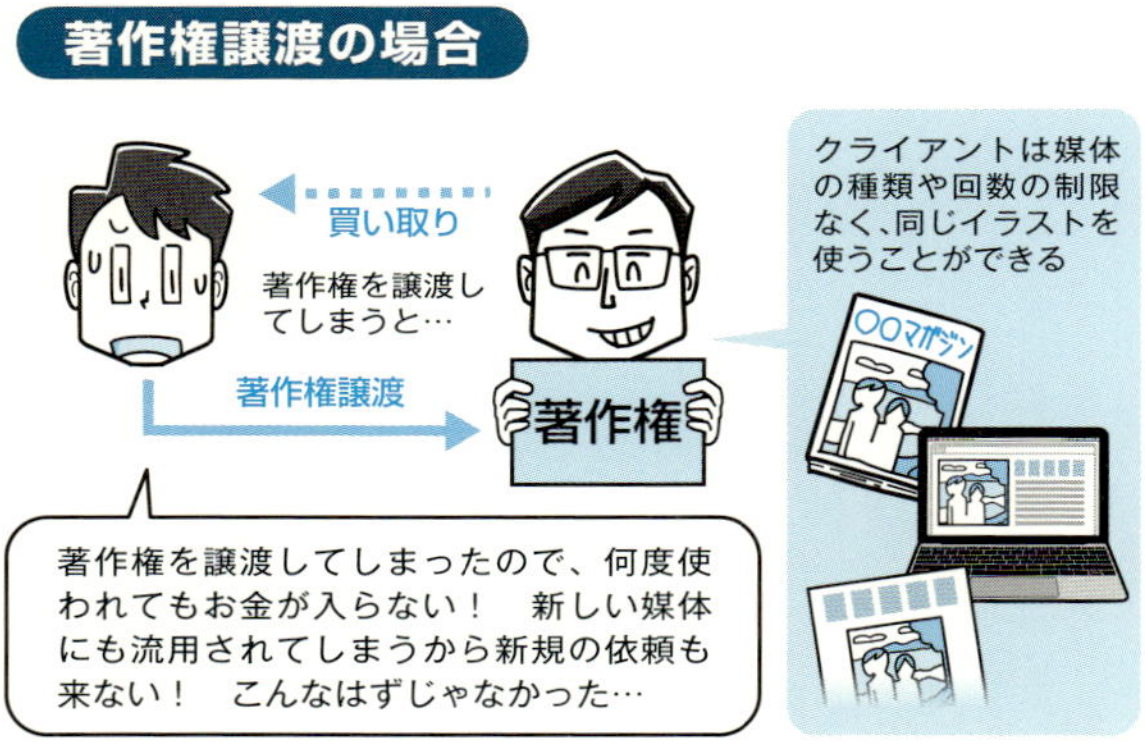

著作者人格権の非行使

著作権を譲渡した場合でも、「著作者人格権」は著作者側に残る。この著作者人格権により、クライアントは著作者の意に沿わない著作物の改変はできない。しかし、これを見越して著作権譲渡の契約書には「**著作者人格権の非行使**」という項目が合わせて盛り込まれているケースが多い。この契約を締結すると、クライアントは成果物を無限に使用できるだけでなく、自由に改変までできてしまうことになる！　クリエイターは契約前に契約書を慎重にチェックしよう。

Column 11

クライアントは分散させよう

フリーランスとしての活動がある程度安定してくると直面する問題のひとつに、クライアントはまとめるべきか、分散すべきかというものがあります。具体的な例を挙げます。

❶ 5万円の案件を6件受注して、月の売上が30万円
❷ 30万円の案件を1件受注して、月の売上が30万円

上記の2パターンの仕事の受け方があるとしましょう。このうちのどちらが理想的かというと、これは絶対に❶です。その最大の理由はリスクが少ないからです。

フリーランスとして仕事をしていると、トラブルに巻き込まれることも珍しくありません。案件が突然頓挫したり、クライアントとの関係が何らかの理由で悪くなることも起こり得ます。そうした事態により案件がひとつ消えてしまった場合、❶なら残りの5案件で25万円の売上が出せますが、❷だとその途端にすべての売上を失ってしまうことになるのです。

● クライアントの分散は交渉にも有効

クライアントをたくさん持って分散させておくことは、リスク回避だけでなく交渉を有利に進めるうえでも非常に強い武器になります。

たとえば、こちらの意向を全く汲まずに強硬な姿勢で著作権譲渡を要求してくるクライアントに当たってしまっても、ほかにたくさんクライアントを抱えていれば、「この案件やクライアントを失っても何とかなる」と思えるので、強気の交渉ができます。また、条件が折り合わなければ契約締結前に辞退することもできます。一方でクライアントが少ないと、ひとつの案件を失うことが命取りになるので、泣き寝入りを余儀なくされるケースが多いのです。

これは、不当に値下げを要求してくるクライアントに対しても有効です。複数のクライアントと取引をし、そのほとんどが高い料金を支払って自分の仕事を評価してくれている状態で、一社だけ特別に値下げに応じてしまうのは不平等ですよね。ほかの優良なクライアントを裏切る不誠実な行為と捉えられかねません。

値段交渉や条件が折り合わない場合の辞退がしやすくなることも、クライアントを分散しておくことの大きなメリットです。

リスクを分散しつつ、自分の仕事をより高く評価してくれるクライアントを増やしていくことが、フリーランスのビジネスをスケールさせるための最も健全な方法なのです。

3 損害賠償

知っておくべきフリーランスのリスクとして、**賠償問題**があります。たとえば、次のような理由でクライアントに損害を与えてしまったとしましょう。

- **納品したデザインの中に間違った情報を記載してしまった**
- **自分の不注意によりクライアントの機密を漏らしてしまった**
- **返却する必要があったクライアントからの貸与品を損壊してしまった**
- **自分のミスにより案件の進行が遅延し、納品や発売に遅れが出てしまった**
- **取材や撮影などで第三者に怪我を負わせてしまった**
- **著作権侵害をしてしまった**

会社員の場合は会社がその賠償責任を負いますが、フリーランスは自分で賠償責任を負わなければいけません。最悪の場合、損害賠償請求をされることもあります。

厳密にはすべてのフリーランスではなく、**契約形態が請負契約のフリーランスの場合のみ**で、準委任契約のフリーランスは原則的にその責任を問われません（左頁下図参照）。ただし**本書で紹介してきた働き方は基本的に請負契約に該当する**ので、この点はしっかり理解しておきましょう。

事前の契約内容の確認が重要！

契約書を交わすときは、その中の賠償責任の項目をよく確認しましょう。どのような状況で賠償責任が生じるかの基準を明確にして共有しておき、上限額も事前に定めておくと安心です（160頁参照）。

また、契約時は契約書を交わすのがベストですが、やむを得ず契約書を発行できない場合でも契約そのものは成立します（156頁参照）。こういった内容を事前にメールなどでやり取りして明確にしておき、何かあったときの証拠として保存しておきましょう。

相談できる窓口を持っておくと安心

相手が個人で賠償金額も少額の場合は、個人間での支払いや示談で済むかもしれません。しかし、企業相手の大規模な案件による高額な賠償請求の場合は個人での対応は難しいので、速やかに弁護士に相談するべきでしょう。

また加入しておくと賠償保証や顧問弁護士への相談権が得

● フリーランスのふたつの契約形態

請負契約

成果物を完成させ、納品することで報酬を得ることができる。ほとんどのフリーランスが該当

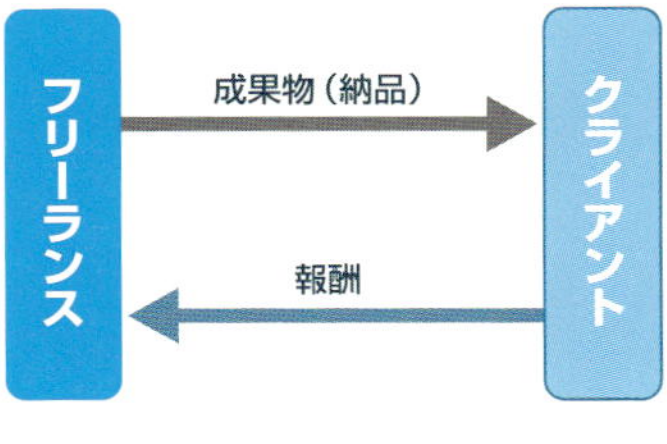

準委任契約

成果物を完成させる義務はなく、労働期間に対する報酬を得るタイプ。IT開発などに多い

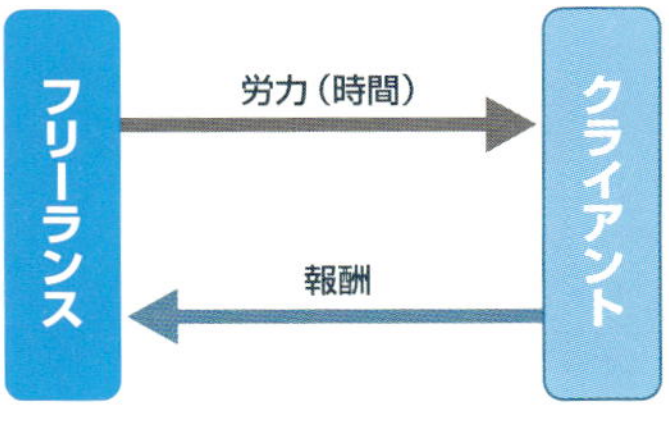

られる、フリーランス向けの団体やサービスもあります。安心して活動するために、適宜入会を検討してみるのもいいでしょう。

【フリーランス協会】

フリーランス協会は、フリーランスの支援団体です。年会費1万円で加入すれば、様々な特典が得られます。そのうちのひとつとして、最大10億円のフリーランス賠償責任補償が自動付帯されるので、もし賠償請求されてしまった場合でも補償を受けることができます（しかも一般会員本人だけではなく、発注主も補償対象）。

ほかにも健康診断や人間ドックの優待、専門家への法律相談初回無料など、色々な特典がつきます。ぜひチェックしてみてください。

● **フリーランス協会：https://www.freelance-jp.org/**

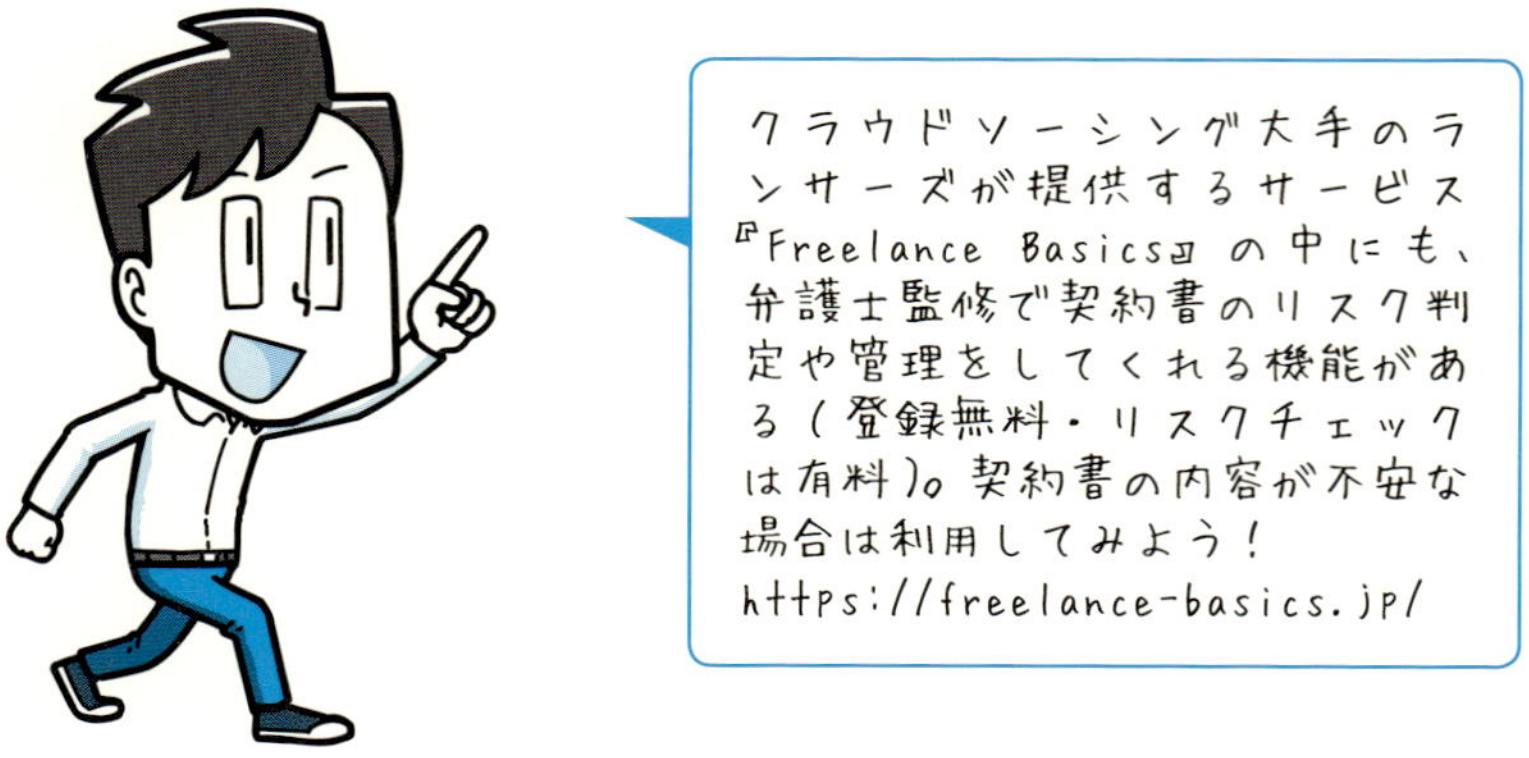

クラウドソーシング大手のランサーズが提供するサービス『Freelance Basics』の中にも、弁護士監修で契約書のリスク判定や管理をしてくれる機能がある（登録無料・リスクチェックは有料）。契約書の内容が不安な場合は利用してみよう！
https://freelance-basics.jp/

4 フリーランスを狙う詐欺

華やかな世界に憧れる若者を狙った詐欺ビジネスは昔からありましたが、特にここ数年はフリーランスが標的になっています。特に駆け出しフリーランスやフリーランス志望者は目をつけられやすいので気をつけましょう。実際にこんな例があります。

❶ フリーランス向けのイベントで声をかけて来た人に誘われてほかのイベントに行ったら、マルチビジネスの説明会だった
❷ SNSで「フリーランスになりたい」や「独立しました」という投稿をしたら、知らないアカウントから「いいビジネスを紹介しますよ」というDMがたくさん来た
❸ 知り合いに「仕事を依頼したいので会いたい」と言われ実際に会ってみたら、仕事ではなく逆に高額な情報商材やオンラインサロンを勧められた
❹ 賞金10万円の公募に応募したら、落選したうえに高額なスクールへの勧誘をされた

マルチビジネスや情報商材屋などの悪徳業者は、常にSNSで獲物を狙っています。**内容がよく分からないものに高額な料金を払わされそうになったら、詐欺である可能性が非常に高い**です。お金は絶対に払わずに距離を取ってください。

また❹のように、表向きは公募やオーディションを装いつつ勧誘対象者を集める、当選詐欺めいたものも多く存在します。勧誘の文句に不安を煽られて、その場で契約をしてしまわないように気をつけましょう。特に「入れるのは今だけ」などと言われたら要注意です。

参加費が高額な企画の勧誘などにも慎重に

厳密にいえば詐欺ではありませんが、ギャラリーや商談イベントへの参加や、自費出版サービスなどからの勧誘も受けることがあります。いずれも参加にそれなりの高い金額がかかるものの、実績やクオリティが伴っていないと、金額に見合った効果を得られないことがほとんどです。**お金さえ払えば誰でも参加できてしまうものには、飛びつかないほうが賢明**です。

5 健康上の注意

「身体が資本」、これはフリーランスは特に肝に銘じておくべき言葉です。最も重要なのは、病気や怪我を予防して健康を維持することです。プロとして活動を続けるために健康管理を徹底し、万が一に備えた対策もしておきましょう。

❶ 健康保険には絶対入っておく

当たり前ですが、健康保険には必ず加入しておきましょう（81頁参照）。日本の健康保険制度は強制型なので、原則として健康保険への加入は義務です。

もし保険に加入していない状態で病院にかかると**本人の全額負担**になり、非常に高額な医療費を請求されてしまいます。

❷ 意識して休むようにする

フリーランスのメリットは好きなときに好きなだけ働けることですが、これは**働きすぎてしまうというデメリットと背中合わせ**です。締め切りに追われたり、プレッシャーを感じて休まず働き続けしまうこともあるかもしれません。しかしこうした働き方は心身に疲れを蓄積させ、生産性を蝕むのでおすすめできません。気持ちが焦るときでも、**意識して生活に休みを取り入れて定期的にリフレッシュする**ようにしましょう。

目の前の締め切りを守ることも大事ですが、**長期的に心身の健康を維持していい仕事をできる状態を保つことも、フリーランスの果たすべき重要な責任**なのです。

❸ 健康診断や人間ドックを定期的に受ける

会社員は会社で健康診断などが実施されますが、当然フリー

仕事が増えすぎてしまったら、時には断る勇気も必要だ。無責任に引き受けて身体を壊してしまっては元も子もないよ。

ランスにそんなものはありません。**定期的に健康診断や人間ドックを自分で受ける**ようにしましょう。もちろん実費なので小さくはない出費ですが、健康は何にも代えたがたいものです。また万が一問題があった場合も、早期発見・早期治療に越したことはありません。

❹ 同業者とのネットワークを作っておく

急病などでどうしても仕事ができなくなったときのピンチヒッターとして、同業者間でお互いに補いあえる関係を築いておくことも大事です。柔軟に対応できる準備があると、いざというときにもクライアントからの信頼を失わずに済みます。またこれは怪我や病気のときだけでなく、仕事が忙しくなりすぎてしまったときにも役立ちます。

6 まとめ

フリーランスの最大の魅力はこれだ！

生産力ベースで働けるフリーランスは、世の中の「人は週に5日、1日に8時間以上働くものだ」という常識から解放され、自分のペースで働くことができます。それは、健康で体力のある人は人一倍エネルギッシュに働くことができたり、あるいは健康上や家庭の理由でフルタイム勤務が難しい人でも無理のないペースで働けるということを意味しています。

変化の激しいこの時代において、私たちの人生はますます予測不可能になり、多くの人がその状況に不安を募らせています。もちろん、会社員や公務員などの働き方がすぐになくなるわけではなく、これまで通り続いていくでしょう。しかしひとつだけ確実なのは、**ひとつのスタイルに依存し続けることのリスクは加速度的に増していく**ということです。終身雇用や年功序列の昇給制度が崩壊しつつあり、社会がますます流動的になっているからです。

だからこそ、**ひとりひとりが「フリーランスになれるスキル」を持っておくべき**なのです。フリーランスの働き方が持つ柔軟性や多様性は、時代の変化を乗り越えるためのサバイバル術であるだけでなく、この不安定な時代を楽しむための新しい視点も与えてくれるでしょう。

「フリーランスは、働き方だけでなく生き方そのもののソリューションである」。私がこの働き方を一人でも多くの人に伝えたいと考える理由であるこの言葉で、本書を締めくくりたいと思います。

素敵なフリーランスライフを!
バイバーーイ!

わたしの営業方法

日本国内の場合

会社にいる頃から技術的な内容のブログを継続的に更新していて、すでに日本の iOS エンジニアコミュニティでは多少知られた存在でした。ですから、会社を辞めて個人で仕事を受けられる旨を SNS などで発信すると、多くの打診をいただきました。そういう意味では最初から軌道に乗っていたといえます。

海外の場合

海外からの仕事のほとんどは、「GitHub」というプログラムのソースコードを共有するサイト経由でお話をいただきます。

GitHub は世界中のプログラマがアカウントを持ち、自分のところで使い回せるコードや参考になるコードを探しています。私はそこで多くのコードを公開しているので、それを見た海外のプログラマや経営者が仕事を依頼してくるのです。私の書いたプログラムがそこにあるのですから、私がどんなプログラムを書けるのか、どんな技術を持っているのかは一目瞭然。海外にいる、顔も知らない相手であっても、仕事を依頼する判断に足るというわけです。

フリーランスを目指す人へアドバイス

ソフトウェアエンジニアという職業は今や売り手市場で、国や言語を越えて通用します。パソコンとインターネット環境があればどこでも仕事ができるうえ、ブログやオープンソースで発信することでプレゼンスも向上しやすいので、かなりフリーランスという形態に向いているといえます。

会社員にしろフリーランスにしろ、どういう働き方を好むかは人それぞれですが、あなたが今ソフトウェアエンジニアで、何らかの点でフリーランスという働き方に興味を持っているのであれば、一度挑戦してみてもいいのではないでしょうか。合わないと思ったら、また就職すればいいのです。手に職があるのですから、再就職にあたって何も困ることはないでしょう。それどころか、自分の技術を元手に仕事を取ってきて稼ぐという経験を一度しておくと、会社員だろうがフリーランスだろうが、新しいことに挑戦する恐怖心が減り、人生の自由度が上がります。

「iOS 専業でやっていると、iOS が廃れたときに食いっぱぐれることが怖くありませんか？」と聞かれることもありますが、どういう技術であれ「勉強して発信して仕事にしていく」というイメージが描けるので、そういう不安はまったくありません。この感覚は人生を自由に・（精神的に）健康に生きていくにあたって、非常に役立つ一種の「スキル」ではないでしょうか。

フリーランスになってみて、「やっぱり自分は会社員のほうが好きだな」と思ったとしても、この感覚を一度身につけておくことは有意義だと思います。

特典PDFではインタビューのノーカット版を掲載しています。

教えて先輩！ 5

色々な職種のフリーランスの
先輩にインタビューしました。

プログラマー
（iOSエンジニア）
堤 修一 さん

職　業	iOSエンジニア
フリーランス歴	2014年2月フリーランスに → 2016年10月 フリーランスを休業して就職 → 2018年1月 再びフリーランスに
前　職	カヤックにてエンジニア職（3年）
主な仕事内容	iOSアプリケーション開発

ターニングポイント

2012年12月末日、当時働いていた会社（カヤック）を辞めました。動機は、「**"海外で働く"という昔からの憧れが、今こそ実現できるのでは**」と考えたからです。とはいえ海外で働くコネがあるわけでもなく、個人で仕事を受けたりしていました。当初はあくまで海外就職が目標だったので、フリーランスと自称してはいませんでした。

その気持ちが変わったのは2014年1月のことです。「冬は沖縄で過ごそうか」とリモートワークの準備をしていたところ、とあるクライアントから「**堤さんが沖縄に行かれるのであれば、やはり都内にいる別の誰かにお願いしようかな**」と言われたのです。これはガツンと来ました。まだまだ私のレベルでは、「遠くの堤さんより近くの誰か」だったのです。その出来事以来、もっと腹を決めて精進しようと、「私はフリーランスiOSエンジニアです」とハッキリ宣言して活動するようになりました。これが私のターニングポイントでした。

もうひとつのターニングポイントは、2016年10月にフリーランスを休業して米サンフランシスコのFyusion社に就職したこと。「フリーランスの働き方は最高に自分に向いている！」と感じていたなか就職を選んだのは、欲しいスキルを得るためでした。実は英語力や3D・コンピュータビジョン・機械学習などの技術のスキルを習得したいと思いつつ技術習得を優先せざるを得ないジレンマが何年もあったのですが、Fyusion社の環境はこれらすべてを学ぶ機会を備えていたのです。アメリカの会社なので当然英語を使うしかない環境であり、私が興味のある技術をすべて深いレベルで取り扱っていました。

私はフリーランスという働き方を好んでいますが、このような経験から、**時には就職という選択肢を取ることも大いにあり**だと思っています。

おわりに

私は、何年も前から「フリーランスの入門書を書きたい」と願ってきました。フリーランスに関する漫画執筆やネットでの発信をしていることもあり、フリーランス志望の方から日々多くの質問や相談をいただくものの、オススメの入門書・指南書がなかなかなかったからです。相談者の多くが自分の適性や向いている職種まで絞り込めていないことがほとんどなのに対し、世に出ているフリーランス指南書は、そのほとんどがある程度職種や専門分野を絞ったうえでのスキル向上などに特化したものばかりでした。

そういうわけで、この本の執筆の話をいただいたときには二つ返事で引き受けたのですが、その執筆は想像以上に大変な作業でした。一口にフリーランスといってもその職種やスタイルは本当に多岐にわたり、それらを等しくカバーする内容を一冊の本にまとめるのは途方もないことだったのです。

それでも、多くの方の協力を得て、なんとかこうして発刊までこぎつけることができました。前述のとおりフリーランスにはあまりにも多様な職種やスタイルがあるので、そのすべては網羅できていません。また私自身の職業柄、クリエイター的視点に偏ってしまった部分もあるでしょう。それでも、ここまでの情報がまとまったフリーランス指南書はほかになく、適性や志望職種を問わずフリーランスを目指す人に「まずはこれを読んでみて」と勧められる一冊にできたと自負しています。

もちろん、この時代においてもなおフリーランスの道は甘くありません。しかし得意なことや好きなことを持つ人なら、それを仕事にするための努力や苦労もきっと楽しめるでしょう。何より私自身が、二十代後半でのフリーランスという働き方との出会いが転機となり、それからの人生が希望や可能性に満ちたものになりました。これからフリーランスを目指す方が一歩踏み出すとき、片手にこの本を持って参考にしていただけたら、こんなにうれしいことはありません。

本書を執筆するにあたって辛抱強く尽力いただいた、ソーテック社の小川真衣子編集、福田清峰編集部部長には、この場を借りて厚くお礼を申し上げます。そしていつも有益なアドバイスをしてくれるうえ、漫画にも登場してくれる妻・美穂子には感謝してもしきれません。

最後までお読みいただき、ありがとうございました。ここから始まるあなたのフリーランスライフを、心から応援しています。

高田ゲンキ

世界一《せかいいち》やさしい　フリーランスの教科書《きょうかしょ》　1年生《ねんせい》

2019年7月20日　初版　第1刷発行
2021年4月10日　初版　第5刷発行

著　者　高田ゲンキ
発行人　柳澤淳一
編集人　久保田賢二
発行所　株式会社　ソーテック社
〒102-0072 東京都千代田区飯田橋4-9-5　スギタビル4F
電話：注文専用　03-3262-5320
FAX：　03-3262-5326
印刷所　図書印刷株式会社

ISBN978-4-8007-2066-5